신여성은
'여성과
다른 삶을
살았을까?

교과서 속 역사 이야기, 법정에 서다

55
역사공화국
한국사법정

구효부 vs 신문물

왜
신여성은
구여성과
다른 삶을
살았을까?

글 손경희 | 그림 조환철

|주|자음과모음

　지금으로부터 약 70여 년 전의 일제 강점기를 경험한 세대 중 많은 이들이 이미 세상을 떠났고, 경험하지 않은 젊은 세대는 식민지의 아픔을 전혀 이해하지 못합니다. 지금까지 일제 강점기에 대해 한쪽에서는 당시 사회를 더 자세히 알려고 노력하고, 다른 한쪽에서는 외면하는 경우가 많습니다. 이 때문에 그 시절에 대한 이해는 시간적인 거리에 비해 부족한 편입니다.

　우리나라는 불행하게도 1910년부터 1945년까지 약 35년 동안 일본에게 식민 통치를 당했습니다. 35년의 식민 통치 경험은 얼핏 보면 짧게 생각될지 모르겠지만 30여 년의 시간은 결코 짧지 않은 시간입니다. 이 기간 동안 일본의 식민지에서 벗어나기 힘들다고 생각한 사람들은 친일 인물로 변절하기도 했습니다. 그러나 대다수의 조선인은 나라의 독립을 위해서 끊임없이 배우고 노력했습니다.

근대 사회가 될 때까지 교육은 누구에게나 열려 있는 기회가 아니었습니다. 신분에 따라 문자를 익히고 공부하여 관료가 될 수 있는 사람들은 양반 남자들뿐이었습니다. 평민들에게도 교육의 기회가 주어졌지만 과거 시험 준비 기간만 30년 가까이 걸리기 때문에 쉽게 도전할 수 없었습니다. 공부는 특별한 사람들만의 기회였습니다.

특히 우리 역사에서 원시 사회부터 조선 시기까지 여성들에게는 공식적인 교육이 이루어진 적이 없었습니다. 어느 시기에도 여성을 위한 학교는 만들어지지 않았습니다. 그나마 글을 읽을 수 있었던 일부 여성들은 자신의 아버지나 오빠에게 배우는 정도에 불과했습니다. 신식 학교는 1876년 개항이 되고 난 이후 외국 선교사와 대한 제국에 의해 설립되기 시작했습니다. 그러나 당시 대부분의 조선 여성은 공부를 하지 못했습니다.

9276명. 1919년 오늘날 초등학교 수준인 관공립·사립 보통학교에서 공부한 조선인 여성의 숫자입니다. 당시 여자 고등 보통학교는 6개로 학생 수가 687명에 지나지 않을 정도로 여성이 고등교육을 받을 기회는 매우 적었습니다. 조선인 여성의 취학률이 0.7%에 불과할 정도였지요. 그러나 이렇게 열악한 상황에서도 조선을 떠나 일본, 미국, 유럽에서 유학하여 자신의 재능을 키운 여성들이 있었습니다. 그들이 바로 우리가 알게 될 신여성들입니다.

원고인 구효부는 말합니다. 사람은 사람의 기본 예의를 지켜야 한다고. 많이 배운 신여성들은 집안일도 하지 않은 채 매일 사치와 허

왜 신여성은 구여성과 다른 삶을 살았을까?

영에 빠져 있으면서 구여성인 자신들을 비난한다고. 사람은 글 몇 자 안다고 해서 똑똑한 사람이 되는 것은 아니라고. 조선의 바른 여성이라면 자신의 위치를 잘 알고, 가정을 잘 지켜야 한다고 주장합니다.

피고인 신문물은 역사 법정에 호소합니다. 사람은 누구나 열심히 새로운 것을 배워야 된다고. 남자에게 의지하여 스스로 새로운 것을 배우지 않으면 절대로 자립할 수 없다고. 여성들도 한 사회의 구성원으로 제 역할을 하기 위해서는 공부해야 한다고. 역사를 움직이는 바퀴 축에서 여성도 당당히 한 축을 담당해야 한다고 주장합니다.

구효부가 신문물을 상대로, 낸, 많이 공부했다는 이유로 남의 남편까지 빼앗으려 한다는 이 고소 사건을 통해 1920년대 여성 교육의 흐름을 이해하게 될 것입니다. 또한 조선이 식민지에서 벗어날 수 있었던 힘에 대해서도 다시 한 번 생각할 수 있을 것입니다.

신문물은 여전히 구효부를 비난할 수 있을까요? 구효부는 신문물의 질타에서 벗어나 공부를 할 수 있을까요? 구효부의 소송 제기에 대해 여러분들도 함께 판결을 내려 주시기 바랍니다.

손경희

차례

개화 운동이 진행되면서 근대 교육도 출발되었다. 외국의 기독교 선교사들은 정부의 협조를 얻어 배재 학당, 이화 학당, 정신 여학교, 경신 학교, 배화 학당 등을 세웠다. 이들은 학생들에게 신학문과 서양 문화 및 영어 등을 가르쳤다.

중학교   역사

VIII. 주권 수호 운동의 전개
　3. 애국 계몽 운동
　　2) 근대 교육과 언론 활동이 민족 운동에
　　　미친 영향은?

을사조약 전후하여 민족 지도자들은 근대 교육을 통해 민족의식을 일깨우고자 하였다. 그래서 대성 학교, 보성 학교 등을 세웠으며, 여학교도 많이 세워져 남녀평등 사상과 민족의식을 고취하였다.

| 고등학교 | 한국사 | V. 근대 국가 수립 운동과 일본 제국주의의 침략
5. 민권 의식이 성장하고, 근대 문물이 들어오다
5-4 근대 교육과 국학 연구가 본격화되다 |
| | | VI. 일제의 식민지 지배와 민족 운동의 전개
4. 나라 안에서 다양한 민족 운동을 전개하다
4-6 차별 없는 사회를 꿈꾸며 |

1920년대 여성의 사회적 진출이 활발해지고, 여성 노동자 수도 늘어났다. 여성 계몽과 여성 차별을 없애자는 주장의 여성 운동도 일어나게 된다. 하지만 일제 강점기에 여성의 지위는 크게 열악하였다.

1883년	원산 학사 설립
1884년	갑신정변
1885년	배재 학당 설립
1886년	이화 학당 설립
1897년	대한 제국 성립
1904년	한·일 의정서 체결
1905년	을사조약
1906년	보통학교령 공포
1910년	국권 피탈
1911년	조선 교육령 공포
1918년	허영숙, 총독부 의사 시험 합격
	나혜석, 첫 개인 전시회
1919년	3·1운동
1922년	월간 『부인』 잡지 창간
1923년	YMCA에서 윤심덕·한기주의 성악회
1926년	극작가 김우진, 성악가 윤심덕 현해탄 투신

원고 **구효부**

나, 구효부는 열여섯 살에 남편 얼굴도 모른 채 중매
로 결혼했어요. 남편은 결혼식을 올리고 나서 바로
일본으로 유학을 떠나 시부모님을 모시고 살았지요.
시집살이라고 들어 보셨나요? 그런데 남편이 신여성
과 사랑에 빠져 나를 버리려고 하고 있어요. 난 열심
히 부모님 봉양하고 애들 키우며 살았는데 이혼이라
니요? 이혼은 절대 할 수 없어요.

원고 측 변호사 **김딴지**

나, 김딴지 변호사는 역사에 대한 해박한 지식을
가지고 있으며 잘못된 역사를 바로잡는 데 혼신
의 힘을 쏟는 변호사랍니다.

시월이

나는 원고 구효부의 유모입니다. 구효부와 신문물이 한동네 친구로 지내는 걸 그들이 어릴 적부터 봐 왔습니다. 신문물이 유학 가서 공부하고 돌아와 놀러 왔을 때도 보았지만, 배운 사람이 친구의 가정을 깨는 것은 도리에 어긋난다 싶어 이 자리에 나왔습니다.

이인숙

나는 심훈 선생님의 소설 『직녀성』의 여주인공의 모티브가 된 이인숙입니다. 열 살에 집안에서 정해 준 사람과 혼인하게 된 구여성이지요. 집안의 반대로 꿈을 이루지 못하는 남편이 안돼 보여 힘겨운 시집살이를 견뎌 내면서도 유학을 보냈는데 하라는 공부는 안 하고 아름다운 모델 여성을 데리고 나와 내게 이혼을 요구하더군요. 결국 나는 이혼을 하고 말았지요.

심훈

나는 일제 강점기에 민족의식을 바탕으로 한 소설을 쓴 소설가입니다. 내 소설 가운데 『상록수』가 가장 유명하지만 구여성의 삶을 살펴본 소설도 썼습니다. 내가 실제로 처음에는 구여성과 혼인했다가 이혼한 후 신여성과 결혼한 사람인데, 그 얘기를 소재로 『직녀성』이란 소설을 썼지요. 영화로도 만들어졌답니다.

피고 신문물

나, 신문물은 아버지 신학문의 딸로 태어나 학교 공부를 열심히 하였지요. 구효부의 남편인 이현빈을 만나 사랑에 빠지게 되었어요. 이현빈이 구효부와 이혼하지 않으면 나는 역사공화국에서도 평생 그의 첩으로 살아야 합니다. 왜 사랑도 못 받으면서 그렇게 아내라는 이름을 고집하는지 모르겠어요. 제발 구효부가 이혼을 해 주기를 진심으로 바랄 뿐입니다.

피고 측 변호사 오진실

역사공화국에서 여성 명변호사로 널리 알려진 오진실입니다. 여성이 남성의 그늘에 숨어 살아가는 시대는 이제 지났습니다. 신문물처럼 일도 사랑도 찾는 주체적인 여성이 되어야지요.

피고 측 증인 윤심덕

나는 일제 강점기 성악가이자 가수 겸 배우로 요즘 흔히 이야기하는 만능 엔터테이너였답니다. 1920년대 신여성의 대표이자 한국 최초의 소프라노, 즉 성악가죠. 사랑에 올인했던 나는 현해탄에 몸을 던져 사회적 파장을 일으켰답니다.

피고 측 증인 나혜석

나는 근대 최초의 여성 서양화가이자 여성 운동가 나
혜석입니다. 개화된 가정에서 태어나 일본에 유학하
여 유화를 전공했지요. 1920년 변호사 김우영과 결
혼할 때 신문 광고를 낼 정도로 떠들썩하게 혼인을
했어요. 그 후 서울에서 최초로 서양화 전시회를 열
었고, 남편을 따라 모스크바를 거쳐 유럽 각지를 여
행했답니다. 남편과 이혼 후 내가 발표한 〈이혼 고백
서〉로 사회 전체에 큰 논란을 불러일으켰어요.

피고 측 증인 김우진

나는 1920년대 우리나라의 대표적인 연극인입니
다. 처음에는 일본 농업학교에 유학 갔다가 집안의
권유로 혼인했어요. 결혼 후 다시 일본에 가서 영
문학을 공부했습니다. 1921년 '동우회 순회 연극
단'을 만들어 조선에서 문화 계몽 운동을 벌이다가
윤심덕과 사랑에 빠져 현해탄에 몸을 던졌습니다.

판사 공정한

나는 역사공화국의 공명정대한 판사, 공정한입니다.
내가 할 일은 오직 역사의 진실을 밝히고, 억울한 영혼
들의 한을 풀어 주는 것이지요.

"사랑은 변하는 것이다?"

여기는 역사공화국! 역사 재판이라면 맡겨만 달라는 김딴지 변호사는 오늘도 역사의 숨겨진 진실을 파헤치느라 여념이 없었다.

"이거야 원, 어디서부터 손을 봐야 하는 건지, 역사 속으로 사라진 억울한 인물이 한둘이 아닌데!"

그러면서 김딴지 변호사는 무심코 건너편 오진실 변호사의 사무실을 쳐다보았다. 밤이 저물었는데도 오진실 변호사의 사무실 계단을 올라가는 의뢰인이 눈에 띄었다.

"이 김딴지를 몰라보고, 다들 오진실 변호사를 찾아가는군, 쳇!"

김딴지 변호사가 중얼거리고 있는데 '따르릉' 하고 전화벨이 울렸다. 김딴지 변호사는 기다렸다는 듯이 얼른 수화기를 들었다.

"여보세요? 믿을 수 있는 김딴지 변호사입니다."

그러나 상대방은 한참 동안 말이 없었다.

"네, 김딴지 변호사입니다. 말씀하세요."

그제야 목소리에 힘이 하나도 없는 여자의 목소리가 들려왔다.

"변호사님, 제가 부탁드릴 일이 있는데⋯⋯."

"예, 무슨 일이든지 괜찮습니다. 제가 도와드릴 일이 무엇인지요?"

"내일 찾아가 뵈어도 될까요?"

"네, 아무 때나 오셔도 됩니다."

"죄송하지만 사람들 눈에 안 띄게 가고 싶은데요."

"네? 오, 말 못할 사연이라도 있으신가 보군요. 좋습니다. 그럼 아침 일찍 오세요."

약속한 시간보다 더 이른 시간에 한 여자가 사무실에 들어섰다. 어제 전화 목소리는 가녀렸는데 통통한 몸매에 비녀를 꽂고 수수하게 한복을 차려입은 전형적인 조선 여자였다. 그러나 그녀에게는 왠지 모를 고고함이 느껴졌다.

김딴지 변호사는 여인을 반갑게 맞이하고 차를 한잔 갖다 주며 물었다.

"무슨 일 땜에 오셨는지⋯⋯ 아무 걱정 마시고 편하게 말씀하세요."

여인은 고개를 떨구고 한참을 망설이더니 아랫입술을 잘근거리며 어렵게 입을 열었다.

"변호사님, 저는 조선 시대를 살았던 구효부라는 여인입니다. 억울한 일이 있어 이렇게 변호사님을 찾았습니다."

"무엇 때문이죠?"

"저는 아내이자 며느리, 또 어머니로 남편도 없이 시부모님을 모시고 혼자 아이들을 기르면서 가정을 지켜 왔어요. 그런데 남편은 신여성인 신문물이라는 여자를 만나 저를 버리려고 했지요. 그때의 억울함이 얼마나 큰지 이렇게 역사공화국에 와서도 한이 되어 눈을 감을 수가 없네요."

구효부는 이혼만은 안 된다며 남편이 제발 돌아오게 해 달라고 사정했다.

"재판을 한다고 해서 남편이 돌아오지는 않는다고 봐야 할 텐데요."

여인은 고개를 끄덕이며 김딴지 변호사의 말을 수긍했다.

"예, 저도 알아요. 하지만 전 한 남자만 바라보며 모든 것을 인내하고 살았는데, 배우지 못했다는 이유로 헌신짝 내팽개치듯이 그렇게 이혼을 요구당한 것을 생각하면 너무나 억울해서요."

"그럼, 누구를 고소하실 건가요? 남편인가요, 아님 조금 전 말씀하셨던 신문물이라는 여성인가요?"

여인이 눈을 동그랗게 뜨고 김딴지 변호사를 쳐다보며 말했다.

"남편을요? 아니에요. 그 신문물이지요. 그 여자가 내 남편을 꼬드기지만 않았어도 그런 사달은 안 일어났을 거예요. 그러니 조금 배웠다고 거들먹거리며 남의 가정이나 깨려는 그런 여자는 호된 맛을 봐야 해요."

조신해 보이던 여인은 분노가 이는지 목소리가 점차 커졌다.

"억울한 심정이야 십분 이해가 되고도 남습니다만……."

"여기에 와 보니 저와 같은 처지의 여성들이 꽤 많더군요. 저는 왜

좀 배웠다는 여성들이 남의 고통은 생각지 않고 자신의 행복만을 주장하는지 모르겠어요. 저의 삶도 소중하고 존중받아야 한다고 생각해요. 제발 저의 억울한 심정을 밝혀 주세요, 변호사님! 부탁드립니다."

구효부라는 여인이 돌아간 후, 김딴지 변호사는 속으로 다짐했다.

'가정이 안정되어야 나라가 편안해지는 거 아닌가. 예부터 가화만사성(家和萬事成)이라 했으니까. 또 한 번 멋지게 해 보는 거야.'

김딴지 변호사는 가볍게 주먹을 쥐며 자리에서 일어났다.

가화만사성
집안이 화목하면 모든 일이 잘 이루어진다는 것을 뜻하는 한자 성어입니다.

신여성의 등장

　1876년 개항 이후, 서구 문물이 본격적으로 조선으로 흘러들어 옵니다. 그러면서 이전과는 다르게 생각하는 사람들이 늘어났습니다. 양반과 평민으로 나누던 신분상의 차이에 상관없이 교육의 기회가 열렸고, 남녀의 차이를 엄격하게 나누던 것과 달리 여성에게도 교육의 기회가 생겼습니다. 이로 인해 신식 교육을 받은 여성, 즉 신여성들이 탄생하게 되었지요. 이러한 신여성들은 짧은 파마머리나 단발머리, 굽 높은 구두, 종아리가 드러난 통치마로 대표되기도 합니다. 쪽진 머리에 비녀를 꽂고, 긴 치마에 저고리를 입던 기존의 여성과는 사뭇 다른 모습이었습니다. 그래서 기존의 여성을 '구여성'이라는 이름으로 부르기도 하지요.

　신여성은 생활 양식이나 사상 자체를 자유롭게 하는 여성으로, 일본 유학을 다녀오거나 국내에서 신식 교육을 받은 여성으로 신문화를 받아들이기 위해 세계의 문학서나 사상 관계 서적을 읽은 여성이었지요. 이들은 부모님이 정해 주는 배필을 만나 자식을 낳고 함께 살아가는 것을 거부했습니다. 그래서 사랑으로 사람을 만나 자유롭게 연애를 하다 결혼하는 것을 꿈꾸었지요. 그러다 보니 전통적인 윤리관에 위배되는 자유분방한 생활을 하는 신여성이 있기도 했습니다.

1910년대까지를 신여성층의 형성기라고 한다면, 1920년대는 신여성들이 사회에 진출하여 신여성론을 전개함으로써 사회의 이목을 모으던 시기였습니다. 특히 1920년을 전후하여 동경 유학을 마치고 귀국해서 활발한 사회 활동을 전개하여 여류 명사가 되었던 김원주·김명순·나혜석 등은 신여성의 상징적인 존재로 부각되었지요. 신여성의 대표적 인물인 김원주는 "신여성이 되려면 나 자신부터 알아야 하고, 조선을 알아야 하고, 결혼을 직업화하지 말고, 동등한 경제권을 갖도록 애쓰고, 경제 상태를 면밀히 파악해 자기 생활을 타개하고, 검소한 몸가짐을 해야 한다"고 말했습니다.

또한 신여성들은 자신의 재능을 갈고 닦아 사회 여러 분야에서 눈부신 활약을 펼치기도 했습니다. 무용가 최승희는 서양 무용을 우리 전통문화에 맞게 고쳐 해외에 소개했고, 서양화가 나혜석은 1921년 조선 여성으로서는 처음으로 개인전을 열었지요. 서양 음악을 보급한 윤심덕, 한국 최초의 여성 박사 김활란 등은 당시를 살아가는 신여성은 물론 구여성의 삶과 생활에 많은 영향을 미쳤습니다.

그리고 신여성과 구여성으로 나누는 이분법적인 사고는 당시의 문학 작품에도 잘 드러나 있습니다. 이광수의 소설『무정』에도 신여성과 구여성이 등장하는데, 구여성인 영채와 신여성인 선형을 등장시켜 두 여성 사이의 갈등을 다루고 있지요.

원고 | 구효부	대리인 | 김딴지 변호사
피고 | 신문물	대리인 | 오진실 변호사

청구 내용

명문 집안에서 태어나 어린 나이에 혼인을 한 본인 구효부는 남편과 시부모님을 모시고 열심히 살았습니다. 남편은 혼례식만 치르고 유학을 떠난 이후 모든 집안일은 제가 다 처리했습니다. 그런데 가정을 유지하기 위해 지금까지 제가 한 모든 노력을 아무도 인정하지 않았습니다. 남편은 자신의 출세를 위해 저의 희생을 요구했습니다. 그러면서도 남편은 저에게 글도 모르는 여자라면서 말이 통하지 않는다고 늘 무시를 했습니다.

일제 강점기 때, 물론 남자들만 공부를 한 것은 아닙니다. 여성들도 공부를 할 수는 있었습니다. 다만 매우 소수의 여성들에게만 공부할 기회가 주어졌습니다. TV 드라마나 소설 등에서는 저 같은 구여성을 시대 상황을 모르는 무식한 사람으로 묘사하고 있습니다만, 그러나 그것은 사실이 아닙니다. 하기 싫어서 공부를 안 한 것이 아닙니다. 결혼하기 전에는 어른들이 여자는 공부할 필요가 없다면서 기회를 주지 않았고, 결혼을 한 뒤에는 가정을 위해 저를 희생한 것입니다. 저 역시 공부를 못해서가 아니라 여자는 공부할 필요가 없다는 아버지의 말씀 때문에 학교에 갈 수 없었습니다. 신여성이라 자처하는 신문물이 저를 남편의 말에만 순종하는 무식한 여성으로 비난하고 저를 핍박한 것이 억울해 이 고소를 하게 되었습니다.

신문물은 공부를 많이 한 사람입니다. 그러나 그 공부란 것이 자신에게만 득이 될 뿐 다른 사람들에게는 큰 도움이 되지 않았습니다. 자신들은 가정도 꾸리지 않으면서 여성들이 활발하게 사회 활동을 하지 않는 것을 구여성들 탓으로 돌렸습니다. 이것은 엄연히 역사 왜곡입니다. 신문물은 많이 배웠지만 스스로 남의 첩이 되었습니다. 그녀 때문에 가정이 파괴되었습니다. 또한 신문물 같은 여성들에 의해 1920년대 조선 사회가 큰 변화를 보인 것 같지만 사실은 그렇지 않습니다.

이에 저는 신여성들의 위선을 밝히고, 저에 대한 명예 훼손죄로 신문물을 비롯한 신여성들을 고발하고자 합니다.

입증 자료

- 중학교 역사 교과서
- 고등학교 한국사 교과서
  그 외 자료 추후 제출하겠음.

위 청구인 구효부
역사공화국 한국사법정 귀중

신여성과 구여성은 어떤 사람들일까?

1. 신여성은 어떤 이들을 말하는가?
2. 단발머리에 뾰족구두를 신으면 신여성인가?
3. 신식 공부는 과연 누가 했을까?

1

신여성은
어떤 이들을 말하는가?

"일제 강점기 당시 신여성으로 인기 좋았던 신문물이 명예 훼손 혐의로 소송을 당했대. 조선 여성들이 모두 부러워하는 신식 교육을 받았던 똑똑한 그녀가 뭘 어쨌다고 소송을 당한 걸까?"

"누구긴 누구겠어. 이씨 댁 며느리 구효부이지. 평소에 그렇게 점 잖은 양반이 소송이라니. 살아서는 많이 배우지 못했다고 그렇게 구박을 받더니 그 얼마나 억울했으면 역사공화국에 와서 고소까지 했겠어!"

구여성을 대표하는 구효부와 신여성을 대표하는 신문물의 재판이 열린다는 소식에 법정 안을 가득 메운 사람들로 떠들썩했다.

"자자! 조용히 하세요! 곧 판사님이 들어오십니다."

재판정으로 들어와 자리에 앉은 판사는 원고 구효부와 피고 신문

왜 신여성은 구여성과 다른 삶을 살았을까?

물을 번갈아 쳐다보더니 천천히 소장을 읽었다. 잠시 침묵이 흐른 후, 판사가 입을 열었다.

판사 　자, 그럼 지금부터 원고 구효부가 피고 신문물을 상대로 고소장을 낸 재판을 시작하겠습니다. 원고 측 김딴지 변호인, 오늘은 무슨 진실을 밝히려고 소송을 제기한 것입니까?

김딴지 변호사 　네, 존경하는 판사님. 이번 사건은 신여성과 구여성 간에 얽힌 역사의 진실을 밝히는 소송입니다. 원고 구효부는 조선의 양반 집안에서 태어나 이씨 집안으로 시집을 왔습니다. 원고는 진심으로 시부모님을 모시고, 아이들을 잘 낳아 길러 '현모양처'라는 칭송을 들었습니다. 원고 구효부는 피고 신문물과 그녀의 무리인 신여성들에게 자신의 명예를 훼손한 죄와 왜곡된 역사를 바로잡기 위해 소송을 제기했습니다. 원고 측 변호인인 저 김딴지는 신문물이 구효부를 악의적으로 배우지 못한 여성으로 사실을 왜곡했을 뿐만 아니라, 한 가정의 평화를 깨뜨리려는 염치없는 사람이라고 감히 주장합니다. 비록 구여성들이 신문물보다 신식 교육을 받지는 못했지만 사람답게 사는 공부는 충분히 했다고 할 수 있습니다. 구여성들은 가정을 지키고 집안의 평화를 유지하기 위해 자신을 희생한 여성들입니다. 또한 구여성들이 신식 교육을 받지 못한 것은 공부하기 싫어서가 아니라 할 수 없었던 시대 상황 때문이었다는 것을 이번 재판을 통해 분명히 밝히려고 합니다.

신식 교육
서구식 교육 과정을 채택하여 본격적인 교육을 시킨 학교를 '신식 학교'라고 하며, 여기서 행해진 교육을 '신식 교육'이라 볼 수 있습니다. 신식 교육은 서당식 교육과는 달리 외국어, 지리, 기술 등의 내용을 배웠으며, 여자들도 학교에 다닐 수 있게 되었습니다.

현모양처
어진 어머니이면서 착한 아내라는 말입니다.

김딴지 변호사가 구효부가 신문물에게 소송을 제기한 이유를 설명하자, 재판정은 순간 술렁거렸다.

"아니, 뭐라고 하는 거야. 신문물이 남의 가정을 깨뜨렸다고?"

"김딴지 변호사 저 사람 큰일 났네. 남의 가정 문제에 끼어들어 이혼이라도 시키겠다는 거야 뭐야? 많은 신여성들이 주목하고 있는데."

판사   조용히 하세요! 법정에서는 모두들 조용해야 합니다. 김딴지 변호인의 청구 이유를 잘 들었습니다. 그럼 원고인 구효부에게

왜 신여성은 구여성과 다른 삶을 살았을까?

먼저 발언의 기회를 주겠습니다. 원고는 본인의 명예가 어떻게 훼손되었다는 말인가요?

판사의 말이 끝나자 옥빛 한복을 입어 귀부인 티가 흐르는 후덕해 보이는 한 여성이 원고석에서 일어났다. 선한 눈매에 조신한 몸가짐이 모두의 눈길을 끌었다.

구효부　　나는 1905년 구씨 집안에 3남 3녀 가운데 첫째로 태어났습니다. 아버지는 구만복이며, 어머니는 이씨 부인으로 명문 가문에서 태어나 잘 자랐습니다. 아래로 동생이 다섯 있지만, 모두들 맏이인 나의 말을 잘 따랐습니다. 나는 어린 나이에 좋은 집안으로 시집와 시부모님과 남편의 사랑을 받으며 행복하게 살았습니다. 그런데 내 인생에 큰 어려움이 생겼습니다. 그게 바로 저 신여성인 신문물 때문입니다. 신문물은 사람의 도리를 알지 못하는 사람입니다.

오진실 변호사　　판사님, 이의 있습니다. 원고가 피고에게 사람의 도리를 모르는 사람이라는 심한 말을 해서는 안 된다고 봅니다. 그리고 신문물은 교육을 많이 받은 신여성입니다. 사람의 도리란 교육에서 나옵니다. 누가 사람의 도리를 말할 수 있습니까?

판사　　좋습니다. 원고는 신성한 재판정이니만큼 말을 가려서 해주시기 바랍니다.

구효부　　네. 조심하겠습니다. 나와 피고는 어린 시절 한동네에서 자랐기 때문에 서로를 잘 알고 있습니다. 피고는 나와는 달리 신식

교육을 받아 세상 돌아가는 이치를 안다는 이유로 나를 한물간 구여
성이라고 몰아세웠습니다. 뿐만 아니라 신문물은 나의 남편과 사랑
에 빠져 조용하던 우리 집안을 뒤흔들어 놓았습니다. 집안을 그렇게
만들어 놓고도 피고는 미안하다는 말 한마디 없이 되레 큰소리를 치
고 있습니다. 우리 집안은 신문물이 일본에 가서 공부할 때 아낌없
이 지원도 해 주었습니다. 그런데 신문물은 우리 집안에서 받은 은
혜를 배신하고, 나를 배신한 것입니다.

왜 신여성은 구여성과 다른 삶을 살았을까?

판사   피고가 원고의 집에서 받은 은혜를 저버렸다고 했는데, 구체적으로 어떤 것인지 오진실 변호인이 답해 주시겠습니까?

오진실 변호사   피고 신문물은 비록 넉넉한 형편은 아니었지만 타고난 **명민**함을 바탕으로 열심히 공부하여 일본으로 유학까지 다녀와 사회 정의를 실현하기 위해 신문 기자가 되었지요. 원고 집안이 피고 집안보다 형편이 훨씬 좋았기 때문에 신문물이 일본 유학을 가 있을 때 딱 한 번 학비를 지원 받은 적이 있습니다. 물론 피고는 그때의 도움에 대해 고마운 마음을 가지고 있습니다. 그런 피고가 자신의 행복을 위해 남을 희생시키고자 했다는 것은 말이 안 됩니다.

김딴지 변호사   판사님, 그리고 방청객 여러분. 신문물이 사회 정의를 위해 신문 기자가 되었다고 합니다. 남의 가정을 파탄에 이르게 한 피고가 어떻게 사회 정의를 이야기할 수 있습니까?

오진실 변호사   원고 측은 왜 피고가 남을 희생시켜 가면서 공부해 놓고, 결국 남의 가정을 망가뜨리는 형편없는 여성이라고 주장하는 건가요? 어렵게 공부한 사람이라면 격려는 못 해 줄망정 거짓 소문을 퍼뜨리는 것은 심하지 않습니까?

김딴지 변호사   네, 맞습니다. 나라가 식민지라는 상황에서 신식 공부를 한 피고는 대단합니다. 그러나 사람이 은혜를 원수로 갚으면 안 되죠. 신문물이 공부를 많이 하고 신문 기자까지 되었지만 정작 자신은 도덕적으로 문제가 많습니다. 더구나 친구의 가정을 깨뜨리려는 것은 말이 안 되는 행동이라고 봅니다.

명민
총명하고 민첩한 상태를 말하지요.

오진실 변호사　원고는 신문물이 이씨 집안을 깨뜨렸다고 계속 이야기하는데 증거가 있습니까?

김딴지 변호사　물론입니다. 신문물과 구효부의 남편 이현빈은 같은 직장에서 일하면서 서로 사랑하는 사이가 되었습니다. 이현빈은 피고를 만나느라고 집에도 들어오지 않았고, 급기야 두 사람은 한집에서 살았습니다.

　　김딴지 변호사의 말에 방청석은 다시 술렁거렸다.

　　"한집에서 산다는 말이……?"

　　"아, 그거는 둘이 살림을 산다는 말 아닌가?"

　　"그렇다면 남의 가정에 피해를 준 거네요. 아휴!"

판사　자, 모두 조용히 해 주세요. 오진실 변호인, 그렇다면 피고 측의 이야기를 들어 보겠습니다.

오진실 변호사　피고 신문물은 2남 3녀 가운데 둘째 딸로 태어났습니다. 아버지는 신학문이며, 어머니도 명문 양반가의 따님인 심씨 부인으로 조선의 대표적인 양반 가문에서 태어났습니다. 아래로는 오빠 1명, 남동생 1명, 여동생 2명이 있습니다. 모두들 둘째인 피고가 여자이지만 워낙 똑똑하여 집안의 이름을 빛내 줄 사람이라고 믿었습니다. 피고는 조선에서뿐만 아니라 일본에 가서도 열심히 공부하여 누구나 닮고 싶어 하는 신문 기자가 되었습니다. 마을에서는 피고의 집안이나 피고를 욕하는 사람이 아무도 없습니다. 피고가 남에게 욕먹을 행동을 한 적이 없기 때문입니다. 자신의 일을 열심히 하면서 조선 사회를 위해서 무엇을 할 것인가 고민했던 인물입니다. 다만 원고 구효부의 남편인 이현빈과는 오랜 친구 사이입니다. 두 사람은 같은 대학으로 유학을 다녀온 절친한 사이였을 뿐입니다.

김딴지 변호사 신문물이 왜 신여성입니까? 그녀는 단지 남의 가정을 파탄 내려는 여자에 불과합니다.

오진실 변호사 말씀이 지나치십니다. 신문물은 조선의 대표적인 신여성이 맞습니다. 그녀만큼 공부를 많이 한 사람이 있습니까?

판사 자자, 두 분 다 진정하시고, 내용을 객관적으로 살펴봅시다. 오진실 변호인, 먼저 신여성에 대해 설명을 좀 해 주시지요.

오진실 변호사 네. 신여성이 누군지 아십니까? 신여성은 몇몇 시대를 앞서 간 여성들을 일컬어 신여성이라 하는 경우도 있지만, 그 당시에는 교육 받은 여성 전체를 가리키는 말입니다. 1920년대는 일제 강점기로 국내에서는 무장 항쟁을 할 수 없는 형편이었습니다. 국내에서 할 수 있는 것은 일제가 허용하는 내에서 계몽 운동을 할 수밖에 없었습니다. 계몽 운동의 핵심 내용은 무지한 사람들을 깨우치는 일이었습니다. 그 가운데 여성 교육이 가장 중요한 내용 중에 하나였지요. 여성 교육을 위한 활동으로 여성 잡지의 발간을 들 수 있습니다. 1923년에 창간된 여성 잡지 『신여성』을 통해 신여성에 대한 정의를 해놓았지요.

『신여성』
1923년 9월 1일 창간되었고 개벽사에서 펴냈습니다. 초대 편집 겸 발행인은 박달성, 제3호부터는 방정환이 맡았다가 그가 죽자 1931년 7월호부터 차상찬이 맡아 보았습니다. 국판 100쪽 안팎으로 이돈화, 김기전, 박달성, 주요섭 등이 집필을 맡았습니다. 여성들을 위한 일반 교양이나 계몽을 촉구하는 논문, 시, 소설, 수필 등의 문학 작품을 실었고, 아동 문학에도 관심을 보여 동요나 동화를 실었습니다.

판사　　여성 잡지를 발간했다고요? 그 잡지에 어떻게 소개되어 있나요?

오진실 변호사　　이렇게 설명되어 있지요. 신여성은 "지식을 갖추고 평등 의식이 싹트는 단계이며, 구식 여성보다 의지가 월등하고 의지를 실천하는 힘이 남다른 존재"라고 정의하고 있습니다. 즉, 공부를 하여 남녀에 대한 생각이 달라진, 깨어 있는 여성을 말하지요. 또한 "오늘의 시대를 똑바로 보고 나 자신에 대한 의식을 넓히고, 여자라는 처지에서 또는 조선의 여자라는 처지에서 자기의 할 바가 무엇인가를, 즉 자기의 사명이 무엇인가를 밝히 알고서 실행하는 여성이 신여성이다"라고 했습니다. 신여성은 자신만을 위해 살아가는 존재가 아닌, 조선을 위해 뭔가를 할 수 있는 사람이라는 것을 정확히 인식하고 있는 여성이지요.

판사　　한마디로 교육을 받은 여성들이군요.

오진실 변호사　　그렇습니다. 강조하고 싶은 것은 1920년대 조선에서 여성이 교육을 받는다는 일이 쉽지 않았다는 것입니다. 그 당시 조선의 상황이 그랬습니다. 여성 교육이 잘 이루어지지 않았는데, 여성이 정식 학교에 가는 것이 참 어려웠습니다. 중등 교육 기관이 아닌 보통학교의 여학생 비율이 1910년대 초반에는 8%, 1915년 10%, 1930년대 20%대로 진입할 정도였습니다. 우리가 흔히 신여성이라 부르는 중등 교육을 받은 여성들이 매우 적었다는 말이지요. 더구나 대부분의 중등학교가 도시에 있어 시골 여성에게는 그야말로 그림의 떡에 불과했지요. 조선에서 처음으로 여자들을 위해 세운

학교는 1886년 경성에 설립된 이화 학당이었습니다. ▶오늘날 서울에 있는 이화 여자 대학교이지요. 지금으로서는 이해하기 힘들지만 당시에는 여학생을 모집하기가 매우 힘들었습니다. 좀 사는 집에서조차 여자들을 학교에 보내지 않으려고 했기 때문입니다. 또한 웬만큼 공부해서는 고등학교에 진학하는 것이

이화여자대학교의 전신인 이화학당의 초기 모습

매우 어려웠던 점도 한몫을 했고요. 공부도 공부이지만 본인의 강력한 의지와 돈이 있어야 했습니다.

여성은 학교에 보내지 않으려는 어려운 환경을 극복하기 위해서는 자연 본인의 굳은 의지가 필요했기 때문이지요. 또한 남성에게 자기를 의탁하고 순종하는 삶에서 벗어나려면 먼저 경제적 독립을 해야 했으니까요.

판사 그러했겠군요. 계속하세요.

오진실 변호사 그렇게 어렵게 공부한 신여성은 경제적 독립은 물론, 가정 제도의 합리화 및 간소화를 주장하고, 남성 중심의 전통적 사상을 배격하고, 여성 자신들 스스로 사회적으로 보다 철저한 책임과 의무를 다하려고 했습니다. 그리고 부인 단체나 여학생 계(모임)를 통해 구여성들에게 위생과 육아법 등을 가르치는 등 자신뿐만 아니라 사회 구성원으로서의 역할을 다하려고 노력했어요. 이에 비해 구여성

의탁
어떤 것에 몸이나 마음을 의지하여 맡기는 것을 말하지요.

배격
어떤 사상이나 의견 혹은 물건 따위를 물리치는 것을 말합니다.

교과서에는

▶ 선교사들은 포교와 계몽의 목적으로 학교를 설립하였는데, 배재 학당과 이화 학당, 숭실 학교 등을 비롯한 기독교 계통의 학교들은 근대 학문을 가르쳤을 뿐만 아니라 민족의식을 일깨우기도 하였습니다.

문화 통치

일본 제국이 3·1운동 이후 조선의 반발을 무마시키기 위해 실행한 통치를 말합니다. 실제로는 이 기간 동안 경찰의 수는 늘어났고, 일본의 식민 통치에 대한 비판적 내용의 기사를 실은 신문은 정간이나 폐간을 당했습니다. 문화 통치는 친일파를 길러 우리 민족을 이간·분열시키려는 교활한 정책으로, 우리 민족의 단결을 억제하고 독립 운동을 막으려는 것이었지요.

은 모든 것을 남편에게 의지한 채 자기 생각이라고는 없는 존재로 살아갔습니다. 물론 정규 교육도 받지 못했고요.

김딴지 변호사　말씀이 참 심하시네요. 자기 생각이라고는 없는 존재라니요? 그것은 구여성에 대한 모욕입니다. 그리고 자꾸 학교에서 공부, 공부 했다 그러는데 대체 무슨 공부를 했습니까? 사람이 학교에서 하는 것만 공부입니까? 집안의 어른에게도, 주위 사람들에게도 배울 수 있는 것이 공부입니다. 구여성들도 사람답게 사는 데 지장이 없을 정도로 공부했습니다.

오진실 변호사　무슨 말씀입니까? 제대로 된 공부는 학교에서 이루어지는 것입니다.

판사　양측 변호인, 재판에 집중해 주세요! 피고 측 변호인은 그 당시 여성 교육이 제대로 이루어지지 않았다고 했습니다. 그렇다면 구체적으로 당시에 여성들은 어디 가서 공부를 했습니까?

오진실 변호사　누구나 공부는 학교에 가서 배워야 합니다. 계속 말씀드리지만 여성들이 학교에 가는 일이 쉽지 않았습니다. 특히 신여성이라는 소리를 들으려면 현재의 고등학교인 고등 보통학교 정도는 다녀야 합니다. 그런데 고등 보통학교들이 도시에 있어 시골에서는 유학을 가야 했습니다. 그나마 1920년대 **문화 통치**(文化統治)라는 미명하에 학교가 증설되었습니다. 그러나 고등 보통학교는 일제에 의해 한 도에 두 개 정도로 제한되었기 때문에 공부의 기회가 매우 적었습니다. 여성을 위한 대학은 말할 것도 없었지요. 지금의 전문 대학인 전문학교는 1910년에 처음 만들어졌습니다. 그것이 이화 학당에 세워진 이화 대학이지요. 1914년 첫 졸업생이 나왔는데 1925년 법령에 의해 전문학교로 개칭되기까지 29명의 졸업생을 배출할 정도로 소수였습니다.

판사 　여성이 대학생이 되는 것이 참 힘들었군요. 그러니까 피고가 당시에는 굉장히 많이 배운 여성이군요. 그렇다면 당시 학교는 몇 년 과정이었습니까?

오진실 변호사 　1908년 학제 규정은 보통학교 4년, 중등학교는 예과 2년과 본과 3년을 합하여 5년으로 정하였습니다. 1911년의 조선 교육령에 의해 보통학교는 4년, 중등 교육 기관인 고등 보통학교는 남자는 4년, 여자는 3년으로 여성의 교육 연한이 남성보다 1년 짧았습니다. 1920년 개정 교육령으로 보통학교의 수업 연한을 6년으로, 고등학교는 남자는 5년, 여자는 5년 또는 4년으로 각각 확대되었지만 실제 여자 고등 보통학교는 모두가 4년제를 채택했어요. 신문물도 4년제 여자 고등 보통학교를 나와서 일본으로 유학을 갔습니다.

판사 　신문물이 신여성이라 하셨는데 학교에서 무엇을 배웠나요?

오진실 변호사 　보통학교의 경우 수신, 국어(일본어), 조선어한문, 산술, 이과, 기타로는 창가, 체조, 도서, 수공, 농업, 상업, 재봉 등을 배웠습니다. 1922년 이후에는 수신, 국어(일본어), 조선어, 산술, 역사, 지리, 이과, 직업 등을 배웠지요. 고등 보통학교에서는 보통학교보다 배울 과목이 더 많았습니다. 당시는 일제 시대였기 때문에 일제는 '부덕(婦德)의 양성'을 강조한 수신과 가사, 재봉, 수예 등 가정

조선 교육령

1911년 8월 일제가 우리 민족에게 식민지 교육을 강요하기 위해 정한 법입니다. 이는 식민지 동화 정책에서 비롯된 것으로 우리의 말과 글, 역사와 지리를 가르치지 못하게 했지요.

생활에 필요한 것들을 주로 교육했습니다. 일부 집안에서
는 좋은 혼처를 얻기 위해 학교 교육을 이용하는 경우도
있었습니다.

판사 　 사회적으로 신여성에게 요구하는 덕목도 있었습
니까?

오진실 변호사 　 네. 사회에서도 그렇지만 여성계 내부에서도 당시
신여성이 갖추어야 할 덕목에 대해 논의가 많았습니다. 대표적인 예
를 들자면 이성환이 1921년 12월 『별건곤』에 발표한 「신여성이 갖
추어야 할 7가지 덕목」이라는 글이 있습니다. 물론 이 글은 구여성

들도 신여성처럼 살기를 요구한 것이기도 합니다. 제가 한 번 읽어 보겠습니다.

첫째, 신여자는 지식이 있으므로 이해력이 있을 것(기막히게 답답하지 않다).

둘째, 위생 관념이 있을 것(지저분하지 않고 정결한 것).

셋째, 가사 처리를 과학적으로 할 것(가족 중 병자가 있을 경우 구여자는 미신을 따르지만 신여자는 병원으로 감).

넷째, 신여자는 계산에 밝을 것(구여자는 수입 지출의 개념을 갖지 못한다. 그러나 신여자는 계산이 밝아 가정 일기 하나라도 쓴다).

다섯째, 과학적 지식으로 자녀 양육을 바로 할 것(무식한 구여자는 지구가 도는 줄도 모르고 해와 달 이야기를 한다. 그러나 신여자는 그런 거짓말을 안 한다. 구여자는 종두 하기를 싫어한다. 그러나 신여자는 그와 반대다).

여섯째, 신여자는 편지나 전보를 볼 줄도 알고 보낼 줄도 알 것(구여자는 남편 출타 시 오는 편지 가는 편지를 전부 남의 집 사내들한테 구걸한다).

일곱째, 신여자는 일의 동무가 될 것(구여자는 신문 한 장도 정리할 줄 모른다. 그러나 신여자는 원고도 써 주고 장부도 정리하고 서물도 대신 읽는다).

오진실 변호사   피고 신문물은 당시 신여성이 갖추어야 할 이런 덕목을 모두 갖추고 있었습니다. 당시 신여성들이 스스로 갖추어야 될

정체성
변하지 않는 존재의 본질을 깨
닫는 성질, 또는 그런 성질을 가
진 독립적 존재를 이르는 말입
니다.

덕목이란 것을 자세히 살펴보면 여성뿐만 아니라 한 인간
으로 살아가는 데 꼭 필요한 내용입니다. 배우지 못하여
스스로의 정체성에 대해 고민하지 않았던 구여성의 입장
에서는 쉽지 않은 내용이지요. 당연히 원고 구효부가 피고
를 질투했을 겁니다.

판사 원고가 단지 신문물이 많이 배웠다는 것을 부러워했다는 뜻
입니까?

김딴지 변호사 원고가 신문물을 부러워하다니! 말도 안 되는 소리
입니다. 여성으로서 정식으로 한 남자를 만나 혼인하고 아이도 낳
아 보지 못한 신문물을 왜 부러워한단 말입니까? 오히려 피고 신물
물이야말로 안쓰럽고 측은하죠. 더욱이 원고 구효부는 공부를 전혀
안 한 것은 아닙니다. 시부모를 모시고 자식을 기르는 데 필요한 요
리와 살림 사는 법, 다시 말해 그 사회에서 여성으로서 살아가는 데
필요한 이치를 다 배웠다는 말입니다. 어떡하면 자기에게 맡겨진 본
분을 더 잘할까 고민할 정도였지요. 다만 원고가 신문물에게 편지를
부탁한 경우는 있었어요. 일본어를 배우지 않았기 때문입니다.

판사 피고가 원고를 대신하여 편지를 써 주었다고 하는데 사실입
니까?

오진실 변호사 맞습니다. 바로 그겁니다. 원고는 일본어를 몰랐어
요. 보통학교에서 일본어를 가르치는 시대를 살아가면서 말이지요.
그러나 피고 신문물은 조선어뿐만 아니라 일본어까지 능숙하게 사
용했습니다. 세상 돌아가는 사정을 전혀 모르는 구효부를 위해 피고

는 잡지들을 구해다 주곤 했습니다. 때로는 신문물이 구효부에게 소설이라도 읽어 보라고 권했습니다. 왜냐하면 글을 통해 사람들은 자신이 누구인지를 알 수 있기 때문입니다.

김딴지 변호사　일본어를 학교에서 가르쳐 준다 해도 원고는 이미 혼인을 한 관계로 배울 수 없었을 뿐더러 그 당시 조선인으로 한글만 알아도 살아가는 데 아무 지장이 없었습니다. 친일파들이야 일본어를 반드시 알아야 하겠지요.

오진실 변호사　사실을 확대 해석하지 마시지요. 일본어를 하면 모두 친일파입니까?

판사　인정합니다. 그 부분은 기록에서 삭제하도록 하겠습니다.

김딴지 변호사　죄송합니다. 계속하겠습니다. 누차 말씀드리지만 공부는 꼭 학교에서만 이루어지는 것이 아닙니다. 원고 구효부가 학교에는 가지 않았지만 살면서 어려운 점이 별로 없었습니다. 오히려 시부모님 사랑을 받으면서 행복하게 살았습니다. 사람으로 기본 예절을 알고, 남에게 폐가 되지 않도록 자신을 삼가면서 도리에 어긋나지 않는 삶을 살았으니까요.

오진실 변호사　판사님! 어떻게 학교에 가지 않고도 제대로 된 교육을 받을 수 있다는 말입니까! 당시 식민지 상황에서 우리가 벗어나기 위한 힘은 바로 교육에서 비롯되었습니다.

판사　시작부터 원고와 피고 측의 의견이 많이 다르군요. 신여성에 대한 이야기를 좀 더 구체적으로 나눠 보도록 하겠습니다.

2

단발머리에
뾰족구두를 신으면 신여성인가?

김딴지 변호사 피고 신문물은 원고가 학교도 다니지 않은 무식한 여성이라고 주장하여, 원고의 명예를 손상시켰습니다. 판사님, 저는 원고가 결코 무식한 여성이 아니며, 피고야말로 신씨 집안의 골칫거리였음을 입증하고자 합니다. 이에 대해 증언할 증인을 신청합니다.

판사 피고 신문물이 신씨 집안의 골칫거리였다? 흥미롭군요. 증인은 누구입니까?

김딴지 변호사 구씨 집안의 유모 시월이입니다.

오진실 변호사 판사님, 이의 있습니다.

판사 뭔가요?

오진실변호사 증인 시월이는 원고 측 구효부의 유모입니다. 주인을 위해 원고 측에 일방적으로 유리한 증언을 할 것이 예상됩니다.

따라서 증인의 증언은 객관성이 떨어질 수 있으니, 이 점 참고해 주십시오.

김딴지 변호사　그렇지 않습니다. 당시 상황을 가장 잘 알고 있는 사람은 시월이뿐입니다.

판사　피고의 어린 시절을 증언해 줄 적당한 증인이 없는 이상, 증인 시월이의 증언을 듣도록 하겠습니다. 자, 증인 시월이는 앞으로 나와서 증인 선서를 해 주십시오.

　구효부의 유모로 일했던 증인 시월이가 잔뜩 주눅 든 얼굴로 증인석으로 걸어 나왔다.

시월이　증인 시월이는 진, 진실만을 말할 것이며, 거짓을 말할 경우에는 어떠한 처벌이라도 달게 받겠습니다.

판사　김딴지 변호인, 증인 신문을 해 주십시오.

김딴지 변호사　예. 이렇게 나와 주셔서 감사합니다. 긴장을 푸시고 알고 있는 사실만 말씀해 주시면 됩니다. 자, 그럼 증인께서는 피고를 언제 보았습니까?

시월이　아주 어릴 때부터 보았습니다. 신문물과 구효부는 한 동네에서 자란 아주 친한 친구여서 자매처럼 잘 어울려 지냈어요. 다만 구씨 집안에서는 여자가 신식 공부를 해서는 안 된다고 구효부를 학교에 보내지 않았어요. 그렇지만 두 사람은 자주 만나곤 했어요.

김딴지 변호사　그러니까 원고와 피고가 같이 학교를 다니지는 않았

지만 계속 친하게 지냈군요.

시월이 네, 그렇습니다. 구효부는 늘 신문물을 보고 싶어 했어요. 하지만 신문물이 고등 보통학교에 가느라고 경성으로 유학을 갔기 때문에 그 이후에는 자주 만나지 못했지요.

오진실 변호사 판사님, 잠시 제가 증인에게 신문하겠습니다.

판사 허락합니다.

오진실 변호사 증인, 두 사람이 같은 동네 출신이라고 했는데 지금 보면 옷차림이 매우 다릅니다. 원고는 평소에 어떤 옷차림을 하였나

왜 신여성은 구여성과 다른 삶을 살았을까?

요? 뾰족구두를 신었습니까?

시월이   뾰족구두라니요? 말도 안 됩니다. 당시 여자를 학교에 보내는 집안은 개명한 집안이었습니다. 구씨 집안은 상류 가정이긴 했지만 구효부를 학교에 보내지는 않았습니다. 여자가 바깥으로 나다니면 문제가 된다고 생각했으니까요. 구효부의 옷차림은 늘 같았습니다. 남의 눈에 어긋나지 않게 머리는 길러 얌전하게 땋아 뒤로 늘이고, 긴 치마저고리를 입었지요. 그래도 구효부는 참 예뻤습니다. 당시 사람들은 몸을 드러내 놓는 것을 그다지 좋게 생각하지 않았습니다.

오진실 변호사   세월이 바뀌면 옷차림이 달라져야 하는 것 아닙니까? 여성들이 활발하게 사회 진출을 하는 마당에 긴 치마저고리 입고 어떻게 일을 제대로 할 수 있겠습니까? 옷차림으로 사람을 좋다 나쁘다 말할 수 없지 않을까요?

시월이   글쎄요, 저희 마을에서는 여자들이 맨살을 잘 드러내지 않아요. 자기 몸을 드러내는 것을 좋지 않게 생각했습니다.

"맞아. 세상이 아무리 바뀌어도 여자가 마음대로 자기 몸을 드러내면 어떻게 되겠어. 풍속이 어지러워지지 않겠어."

"암, 그렇고말고."

구효부를 응원하러 온, 한복을 곱게 차려입은 방청객들이 고개를 끄덕이며 수군거렸다.

개명
지혜가 계발되고 문화가 발달하여 새로운 사상, 문물 따위를 가지게 되는 것을 뜻합니다.

김딴지 변호사　사람의 옷차림은 중요합니다. 아무리 세상이 달라졌다고 해도 여성들이 자기 몸을 야하게 흘러덩 드러내야 하겠습니까?

오진실 변호사　판사님, 원고 측 변호인의 말이 너무 심합니다. 자기 몸을 야하게 흘러덩 드러내다니요?

판사　인정합니다. 김딴지 변호인은 말을 신중히 가려서 해 주시기 바랍니다.

김딴지 변호사　알겠습니다. 조심하겠습니다. 증인에게 묻겠습니다. 그럼 피고의 평소 옷차림에 대해 동네 사람들이 말이 많았습니까?

시월이　고등 보통학교에 가고 난 후 신문물은 단발머리에 종아리가 드러나는 치마를 입고 굽 높은 구두를 신고 나타났어요. 모두들 처음 보는 차림이라 신기하게 여겼지요. 동네 사람 몇몇은 그 모습을 활달한 모습으로 보았고, 또 다르게는 여성의 미덕을 상실한 말괄량이로 보는 사람들도 있었어요. 언젠가 신문물은 이런 차림을 전통의 인습과 굴레에서 해방되는 자기의식의 표현이라고 설명해 준 적이 있었지만, 우린 사실 그 말이 무슨 말인지 잘 이해가 되지 않았어요.

김딴지 변호사　증인이 보기에 피고의 모습이 괜찮았다면 그녀를 따라 할 생각이 있었습니까?

시월이　아이쿠, 무슨 말씀을? 나는 신여성이 아닙니다.

김딴지 변호사　판사님, 제가 덧붙여 말씀드리겠습니다. 당시 단발은 신여성만 할 수 있는 특권이었어요. 여성의 단발이 의미가 있는 것은 위로부터 시행된 것이 아니라 아래로부터, 즉 여성 스스로에 의해 실현되었다는 점입니다. 그러나 단발을 한 여성은 주변의 따가운 시선과 비난을 받아야 했습니다. 왜냐하면 단발은 당시 카페의 웨이트리스나 서푼짜리 가극의 댄스 걸이나 하는 천한 **풍속**의 하나라고 여겼기 때문입니다.

풍속
예부터 그 사회에 전해 오는 생활 전반에 걸친 습관이나 그 시대의 유행 따위를 이르는 말입니다.

판사 신여성들은 비난을 받으면서도 왜 단발을 했을까요? 원고처럼 단정하게 머리카락을 유지하면 더 좋았을 텐데 말이지요.

김딴지 변호사 당시 사람들은 '편리하고 합리적인 것을 안 할 것이 무엇인가'라며 단발을 하는 한편으로 사람들의 시선이 부담스러운 점은 감내해야 했지요. 대표적인 신여성이라 불리는 나혜석조차 1920년대 유럽 일주 여행을 떠날 때 '편리하고 시원하다'는 이유로 단발을 했는데, 1929년 귀국해서는 어려움을 겪었다고 합니다.

시월이 맞아요. 당시 여성들의 단발에 대해서는 참 말들이 많았어요. 허영심이라며 나쁘게 보는 경우도 있었고, 한편에서는 위생적이며 시간을 절약할 수 있고, 보기에 아름답다고 하는 이들도 더러 있었어요.

김딴지 변호사 증인께서는 피고가 단발과 짧은 치마를 입고 뾰족구두를 신은 모습이 어떻게 보이셨나요?

시월이 그때까지 부인들과 중등학교 여성들은 흰 치마에 옥색 저고리 또는 옥색 치마에 흰 저고리를 입었습니다. 어린 여학생들은 검은 치마에 흰 옷을 주로 입었고요. 그런데 신여성의 옷차림은 완전히 달랐지요. 신여성의 옷은 점점 화려해져 치마가 짧아졌고 별식으로 치마 단을 좀 넓게 하기도 하고, 단을 층층이로 접기도 했어요.

여름에는 속적삼 혹은 단속곳 끝에 레이스를 달기도 했어요. 역시
치마 아래에는 꼭 구두를 신었고요. 당시 이런 재미있는 이야기가
떠돌아다녔어요. 여학생들의 옷차림이 짧아지면서 다리와 목을 드
러내게 되었죠. 목이 훤히 드러나는 옷 때문에 '여학생의 목도리 시
비'까지 일어났대요. 김석송이란 분이 목도리만 걸어 다니는 것 같
아 마치 어두운 밤에 도깨비를 만난 듯이 몸서리가 난다는 글을 썼

왜 신여성은 구여성과 다른 삶을 살았을까?

다고 해요.

김딴지 변호사 네, 수고하셨습니다. 증인 시월이에 대한 신문을 마치겠습니다. 증인의 증언처럼 피고는 자신의 외모에만 관심을 가진 여성이었습니다. 더구나 그 외모를 바탕으로 원고 가정에 큰 불행을 가져다 준 인물이었습니다.

오진실 변호사 판사님, 제가 원고 측 증인에게 질문할 것이 있습니다.

판사 그럼 이번에는 피고 측 변호인이 질문하시죠.

오진실 변호사 증인에게 묻겠습니다. 증인은 평소 피고가 남에게 모욕감을 느끼게 하거나 무시하는 행동을 하는 것을 본 적이 있습니까?

시월이 차림새는 요란스러웠지만 신문물은 행동이 점잖았습니다. 또 다른 사람에게 폐가 가는 행동은 하지 않으려고 조심했어요.

오진실 변호사 그렇지요. 신문물은 신교육을 받은 여성입니다. 사회생활을 열심히 하기 위해 단발도 하고 짧은 치마에 뾰족구두까지 신었습니다. 솔직히 긴 머리카락은 관리하기도 힘들고, 한복은 일하는 데 어려움이 많은 것이 사실입니다. 일하는 여성의 옷차림이 간편해야 하는 것이 당연한 것 아닙니까? 이상 증인 신문을 마칩니다.

판사 그럼 증인은 이만 들어가셔도 좋습니다.

김딴지 변호사 판사님, 게다가 피고 신문물은 사치와 낭비가 심했습니다. 시골에 살고 있는 어려운 농민들은 살기 위해 자신의 어린 딸조차 도시 노동자로 보내고 있는 실정이었습니다. 또 농촌 여성들

속적삼
윗옷인 저고리나 적삼 속에 껴입는 적삼으로, 저고리에 땀이 배지 않게 하기 위하여 입습니다.

단속곳
여자 속옷의 하나입니다. 양 가랑이가 넓고 밑이 막혀 있으며 흔히 속바지 위에 덧입고 그 위에 치마를 입습니다.

김석송
본명은 김형원이며, 일제 강점기와 대한민국 건국 초기의 시인 겸 언론인입니다.

은 어떻습니까? 소 한 마리에 비유하여 '소보다 힘세다'라며 집안일을 거드느라 힘든 노동에 시달리고 있었습니다. 피고는 이런 여성들에 대해 한 번쯤 생각해 보신 적 있습니까?

잠자코 재판 과정을 지켜보고 있던 피고 신문물이 자리에서 일어나 말문을 열었다. 당당하게 말하는 그녀의 목소리에는 자신감이 가득 차 있었다.

신문물　예. 압니다. 나도 그런 여성들을 위해 공부했습니다. 나 혼자 잘 먹고 잘 지내려고 공부한 것은 아닙니다. 내 옷차림이 그렇게 사치스럽게 보입니까? 조선 사회도 달라지고 있었습니다. 도시가 확대되면서 '도시 문화'라는 것이 만들어지고 있었지요. 모든 사람들이 세련되고 화려한 '도시 문화'를 즐길 준비가 되어 있었습니다.

김딴지 변호사　피고, 모든 사람들이 '도시 문화'를 즐길 준비가 되어 있다고요? 말이 안 됩니다. 대부분의 사람은 피고와는 다른 세상에서 살고 있었습니다. 나라는 식민지 상황이었는데 소위 많이 배운 신여성이라는 사람이 나라의 독립을 위해 힘을 보태지는 못할망정 흥청망청 사치나 부리면서 살면 됩니까?

신문물　흠…… 신여성들은 도시의 세련된 문화를 추구했습니다. 1930년대 경성에만 카페가 1000개 이상이었습니다. 카페에서 커피를 마신다고 나라를 걱정하지 않고 사치를 부렸다고 매도할 수 있나요?

김딴지 변호사　도대체 피고는 세련된 문화라는 것이 뭐라 생각하십니까?

신문물　한마디로 말하기는 어렵지만…….

김딴지 변호사　물론 피고는 커피를 마신다거나 구두를 신고 옷차림이 달라지는 것만을 가지고 도시의 세련된 문화라고 말하지는 않을 것입니다. 그러나 피고는 제대로 배운 신여성은 아닙니다. '짝퉁' 신여성입니다. 피고는 식민지 나라의 백성이 아닙니까? 지금 옷차림을 한번 보세요. 신여성들이 하도 사치를 부리니 사람들이 "비행기 타

모던 걸

박영희가 쓴 「유산자 사회의 소위 근대녀, 근대남의 특징, 모던 걸·모던 보이 대논평」이라는 글 중 일부로 『별건곤』 제10호 (1927년 12월 20일)에 실렸습니다.

고도 따라가기 어려운 것이 유행"이라고 꼬집은 게 아닙니까. 이에 대해 피고는 하실 말씀이 있습니까?

신문물　'짝퉁'이라니요. 신여성들은 유행을 주도하는 사람들입니다. 아름다움을 추구하는 것과 사치는 엄연히 다릅니다.

신문물이 계속 또박또박 반박하자 방청객들은 역시 "신여성답네"라며 입을 모았다.

판사　자자, 조용히 하세요. 김딴지 변호인 계속하세요.

김딴지 변호사　흔히 사람들은 신여성을 '모던 걸'이라고 합니다. 유행을 주도하는 '모던 걸'에 대해 당시 사람들은 상당히 비판적이었습니다. 1927년 『별건곤』에 실린 박영희의 「유산자 사회의 소위 근대녀, 근대남의 특징, 모던 걸·모던 보이 대논평」이란 글에 묘사된 '모던 걸'의 모습을 한 번 읽어 보겠습니다.

제일 먼저 이상한 것은 여자가 양장을 하지 않고는 모던 걸 축에 못 끼는 모양 같아 보인다. 양장이라고 몹시 화사하고 경쾌하여 노따리아 빛 같은 고혹적 색깔의 옷과 길고 긴 실크 스타킹이 수직적으로 올라가다가 올라갈 수 없는 한계에서 그만둔 그 경계선을 경비하기 위함인지 유래스(레이스)의 끝이 그 주위를 싸고돌았으며, 머리는 옛날 예술가들 모양으로 커트를 하였다. 흑색 비둘기가 땅으로 기는 듯한 움푹하고 뾰족한 발과 구두. 무엇 하나 값만치 않은 것이 없어 보인다.

신문물   사람들은 신여성을 오해하고 있습니다. 신여성들이 서구 문화를 먼저 받아들일 수 있는 입장이었기 때문에 가장 먼저 변화된 것이고, 그것은 곧 유행이 되어 일반 여성들에게도 거부감 없이 다가갔습니다. 당시 잡지나 신문에서는 각 계절별로 유행하고 있는 색깔, 옷감, 의복, 장신구 등의 내용과 가격을 자세히 소개하고 있습니다. 왜냐하면 모두가 관심을 가지고 있기 때문입니다. 더구나 아름다움을 추구하는 것은 여성의 특권입니다.

오진실 변호사   원고 측 변호사는 피고를 너무 몰아세우고 있습니다. 신여성이었던 나혜석도 "분 바르는 자는 음란으로 지목하고 고운 옷 입는 자는 부랑자로 지목"해 버리고, "검고 푸른 얼굴에 목면 의복 입은 것이 유일의 정조와 방정의 의미를 증명하는 듯 일대 자랑거리"로 삼는다고 한탄했지요. 나혜석은 학식이나 성품 또는 인격보다 의복으로 인격 전부를 평가해 버리는 당시의 세태를 꼬집은 것입니다.

김딴지 변호사   오진실 변호인, 유명한 신여성 글을 많이 보셨나 보군요. 아무리 이해하려고 해도 피고 신문물은 사치와 허영에 빠져 있는 것이 사실입니다. 피고가 원고 집안의 도움을 받아 유학하지 않았습니까? 남의 도움을 받은 처지에 그걸 누리는 걸 당연하게 여기는 것이 더더욱 이해가 잘 되지 않습니다.

3

신식 공부는 누가 했을까?

판사　　그렇다면 일제 강점기에 신문물과 같은 신여성은 교육을 많이 받았다고 하는데 당시 학교 교육에 대해 한번 살펴봅시다. 신여성들을 파악하는 데 도움이 될 것 같습니다.

오진실 변호사　　네, 그 점은 제가 설명하겠습니다. 우리나라 역사에서 조선 시기까지 여성이 학교에 다니거나, 더구나 남성과 같은 교육을 받는다는 것은 상상도 할 수 없는 일이었습니다. 1876년 개항 이후 제국주의 국가들의 침략이 시작되면서 우리나라의 과제는 이에 맞서 근대적인 국가를 이루는 것이었습니다. 그 문제를 해결하는 방안 중의 하나가 서양의 새로운 문화를 수용하는 것이었습니다. 그래서 자연 근대 교육이 절실했습니다.

판사　　근대 교육이 크게 요구되었던 시기였군요? 교육을 위해 학교가 많이 세워졌습니까?

오진실 변호사　아닙니다. 당시 국가 재정의 부족으로 전국 모든 도시에 학교를 세울 수는 없었습니다. 그래서 ▶국가보다는 민간인과 선교사들에 의해 사립 학교들이 설립되었습니다. 우리나라 최초의 여학교는 1886년 선교사 스크랜튼 부인이 세운 이화 학당입니다. 당시 이화 학당은 지금의 학교와는 달리 자기 방에서 한 사람을 가르치는 것으로 시작하여 다섯 명 또는 일곱 명씩 모아 가르치는 실정이었습니다. 나라에서 세운 관립 여학교는 1908년 관립 한성 여자 고등학교가 세워진 것이 처음이었습니다.

판사　여학교가 적었으니 진학하려는 여학생들로 경쟁이 치열했겠군요.

오진실 변호사　아닙니다. 당시 남성에 대한 교육열은 여성보다 높아 남학교 학생 수는 크게 늘어났습니다. 초기 여학교는 학생 모집에 큰 어려움을 겪었습니다. 개항 이후에도 유교 사상의 영향으로 여성들의 외부 출입이 자유롭지 못했기 때문입니다. 한편으로는 여성의 경우 교육을 받아도 출세할 수 있는 사회 분위기가 아니었기 때문에 부모들이 무관심했습니다. 심지어 이상한 소문도 많았습니다. "서양 사람들이 계집애들 데려다 눈을 빼 약을 만든다거나, 아이를 과서 물약을 만든다"라는 뜬소문 때문에 학생 모집이 더 어려웠습니다.

판사　학교에 들어가면 혜택이 좀 있었습니까?

오진실 변호사　네. 학생 모집이 어려울 때라 등록금은 받

교과서에는

▶ 외국의 개신교 선교사들도 정부의 협조를 얻어 배재 학당, 이화 학당, 정신 여학교, 경신 학교, 배화 학당 등을 세웠습니다. 이곳에서 학생들은 신학문과 서양 문화 및 영어를 배웠지요.

수업 연한
학업 이나 기술이나 재주 따위
를 습득하는 데에 소요되는 기
간을 가리키는 말입니다.

지도 않았어요. 숙식도 해결해 주고 종이, 연필, 공책 등 학
용품을 공짜로 주었어요. 참 좋았던 시절이지요. 배울 의
사만 있으면 기회가 주어졌지요. 그 의지를 내기가 어려워
문제였지만요.

'학교에서 숙식도 해결해 주고 학용품도 공짜로 주었다'는 이야기
에 판사를 비롯해 방청객들은 모두 놀랐다.

"얼마나 좋을까. 요즘 이야기하는 '무상 교육'이 이미 근대 초기에
시행되었군그래."

"내 자식도 그렇게 공부시켜 주면 얼마나 좋을까? 난 정말 대학
공부 시키느라 허리가 휘었는데……."

법정 안에 작은 소란이 일어났다.

판사   자, 조용히 해 주세요. 오진실 변호인, 학생에게 여러 가지가
지원되고 있는데 주로 무엇을 배웠습니까?

오진실 변호사   초기 여학교는 학교 건물이 한옥이었죠. 심지어 수
업 연한이나 졸업식도 따로 없었지요. 학생이 배우다가 나가는 날이
졸업식이죠. 배우는 과목은 주로 영어(읽기·쓰기·작문), 산수, 생리학,
일반 역사, 성경, 한문, 초등지리, 한글, 오르간, 노래, 재봉, 자수 등이
었습니다.

판사   일제 강점기에도 수업 내용이 같았습니까?

오진실 변호사   아닙니다. 신식 여학교에서 교과 과정이 제대로 짜

여지고 학제가 정비된 것은 1904년 이후 정부로부터 중등과 인가를 받고 중등 교육을 시작하면서부터입니다. 그러나 여학교의 교과 과정은 남학교와 크게 다르지 않았습니다. 동물학, 식물학, 화학, 물리, 국어, 한문, 지리, 역사, 음악, 체조, 그림 등에다 편물, 재봉, 수예 등의 가사 과목을 배웠습니다. 재미있는 것은 당시에도 지금처럼 한문과 함께 국어와 산술이 전체 수업에서 큰 비중을 차지했습니다. 기독교 학교에서는 영어가 주요 과목이었죠. 지금의 국·영·수 중시와 크게 다르지 않았습니다.

만혼
나이가 들어 늦게 결혼하는 것을 말합니다.

판사　신여성들은 모두 국내에서 공부했습니까?

오진실 변호사　아닙니다. 일본으로 유학을 많이 갔습니다. 1910년 이후 본격적으로 일본 유학이 이루어졌습니다. 당시까지는 대학교는 하나도 없고, 전문학교 제도가 있을 뿐이었습니다. 1910년 이전 일본 유학은 주로 정부 주도로 양반 계층의 자제들을 중심으로 이루어졌습니다. 1920년대 이후에나 다양한 계층의 사람들이 유학했습니다.

판사　1920년에서 1930년대에 신식 교육을 받은 여성들은 주로 어느 계층이었습니까?

오진실 변호사　신여성들은 구식 교육을 받은 몇몇 여성을 제외하고 대부분 평민이거나 한미한 양반 집안의 딸들이 많았습니다. 기독교 가정이거나 고아, 남편을 일찍 여읜 과부같이 당시로서는 결코 평범하다 할 수 없는 과거를 지니고 있기도 했습니다. 또 평생을 독신으로 살거나 혼인을 해도 만혼인 경우가 많았습니다.

판사　힘든 상황에서 공부를 열심히 했는데, 그럼 사람들이 신여성을 비난하는 이유는 무엇 때문이었습니까?

오진실 변호사   그것은 신여성들의 잘못이 아니었습니다. 당시 교육은 현모양처를 키우는 데 치중해 있었는데 정작 교육을 받은 신여성들이 원하는 것은 현모양처를 거부하고 남성과 동등한 사회 활동이었습니다. 당시 대표적인 신여성이었던 나혜석의 「경희」라는 작품을 조금 소개해 드리겠습니다. 신여성인 경희가 방학을 맞아 일본에서 돌아와 집에서 머물고 있는 상황이죠. 그때 사돈댁 어른이 놀러왔다가 경희를 만나 공부하는 여성에 대해 걱정하는 대목입니다.

> "거기를 또 가니? 인제 고만 곱게 입고 앉았다가 부잣집으로 시집가서 아들딸 낳고 재미있게 살지 그렇게 고생할 것 무엇 있니?"
>
> (중략)
>
> "네. 하던 공부 마칠 때까지 가야지요."
>
> "그것은 그리 많이 해 무엇 하니. 사내니 고을 원을 한단 말이냐? 군주사라도 한단 말이냐? 지금 세상에 사내도 배워 가지고 쓸데가 없어서 쩔쩔매는데……."

판사   유학을 다녀온 신여성들도 구여성과 마찬가지로 부지런했나요?

오진실 변호사   네. 대부분의 신여성은 사람들이 생각하는 것처럼 사치와 허영을 부리는 여성이 아닙니다. 자신이 배운 것을 생활 속에서 적극적으로 활용할 뿐 하니라 부지런했습니다. 앞에서 이야기한 나혜석의 「경희」 작품에 잘 묘사되어 있습니다만 공부도 열심히 했지만 김치도 잘 담갔죠. 그 글 속에는 신여성의 건강한 모습이 잘 드러나 있습니다. 다른 대목을 하나 더 읽어 보겠습니다.

"어느 틈에 김치 담그는 것을 다 배우셨어요. 날마다 다니며 보아야 작은 아씨는 도무지 노시는 것을 못 보았습니다. 책을 보시지 않으면 글씨를 쓰시고, 바느질을 아니 하시면 저렇게 김치를 담그시고……."

판사   당시 사람들이 신여성에 대해 건강하게 생각했습니까?

오진실 변호사   네. 존경하는 판사님과 방청객 여러분. 피고석에 앉아 있는 신문물은 일제 식민지라는 상황에서 여성으로 신문 기자까지 된 인물입니다. 여성의 고등 교육 자체가 어려운 시기에 유학까지 다녀와 자신의 삶을 개척했다는 것은 높이 평가되어야 합니다. 신문물은 여성들에게 미래에 대한 희망을 제시한 인물입니다.

김딴지 변호사   판사님, 오진실 변호인의 주장은 어디까지나 오 변호사의 개인적인 의견이라고 볼 수도 있습니다.

오진실 변호사   그게 대체 무슨 말씀입니까? 자신의 분야에서 최선을 다한 사람에게 격려하는 성숙된 문화가 필요합니다. 피고는 어려운 상황에서도 열심히 공부를 했고 여성들을 위해 사회 전선에서 일했습니다.

판사   네. 오진실 변호인의 설명은 잘 들었습니다. 재판 첫째 날에는 원고 구효부가 피고 신문물을 고소한 사연을 중심으로 들어 보았습니다. 이와 함께 신여성이 무엇인지 알아보기 위해 그들의 생각이나 옷차림과 학교 교육에 대해서도 살펴보았습니다. 둘째 날 재판에서 이어서 다룰 배경 설명이 잘 이루어진 듯합니다. 그럼 첫 번째 날 재판을 마치겠습니다.

땅! 땅! 땅!

왜 신여성은 구여성과 다른 삶을 살았을까?

단발과 조선 여성

신여성은 일본을 통해 들어온 서양식 근대 교육을 받고 뾰족한 가죽 구두에 짧은 머리, 양장 차림에 양산을 쓰고 손에는 장갑, 머리에는 모자 등으로 서양식 차림을 했습니다. 1920년대를 전후하여 신여성, 즉 모단(毛斷, modern) 걸이 등장했으며 개화기 이후 서양식 생활을 모방하는 것을 일반인이나 배운 여성들은 별다른 저항 없이 받아들였습니다.

1922년 기생들에 의해 처음 시작된 단발은 신여성들 사이에서 유행되었고, 남자들에게도 큰 화제가 되었습니다. 당시 논객들 사이에서 단발 논쟁이 치열하게 벌어졌습니다. 찬성 쪽에서는 댕기 값이 들지 않으니 좋을뿐더러 머리 손질에 시간과 비용이 적게 들고 훨씬 위생적이라고 주장했지요. 반대쪽에서는 여성의 단발 자체를 용납할 수 없었습니다. "단발만 하면 미인인 줄 안다"는 등의 비아냥거림도 있었습니다. 단발을 직접 한 김활란의 「단발과 조선 여성」이란 글을 보면, 당시 신여성의 입장을 정확히 알 수 있습니다.

내가 단발을 한 것은 삼사 년 전. 머리를 깎게 된 특별한 동기는 없습니다. 단발은 손톱이 자라면 손톱을 깎고 손이 더러우면 손을 씻는 모양으로 일상생활의 상식이라고밖에 생각되지 않습니다.

단발을 하면 머리가 깨끗하고 간편한 것은 두말할 것 없고, 미적 방면으로 보더라도 각기 자기의 얼굴 모양에 따라서 그 얼굴에 조화되도록 머리를 자르면 미를 손상하지 않을 뿐 아니라 도리어 더 '미'를 나타낼 수 있지 않은가 합니다. 더구나 조선 여자의 옷은 그 곡선이 단발과 잘 어울린다고 생각합니다.

이와 같이 단발은 실제 필요상으로 보나 미로 보나 조금도 반대할 이유가 없는데 마음대로 머리를 잘라버리지 못하는 것은 재래의 인습의 결과라고 봅니다. '여자가 머리를 깎다니' 하며 가정에서는 단발을 한다면 무조건적으로 대 반대를 합니다. 남자도 처음에 상투를 베고 단발을 할 때 각종 희비극의 일대 소동을 일으키지 않았습니까. 그러나 지금은 남자가 단발하는 것은 일상생활에 있어서 상식이 된 것같이 여자도 그것이 편리하니까 자연히 다 단발하게 되리라고 생각합니다. 적어도 지금 학생이 어머니가 될 때에야 여자의 단발이 상식이 되겠지요.

근자에 와서 각 여학교에 단발하는 여학생이 많아 가는 것은 유행이라는 것보다 실제상 필요, 편리에서 나왔겠지요. 우리 학교(이화 전문)에도 단발한 학생이 2~3인 있고 중등과(이화 고보)에도 몇 있습니다마는 나는 단발을 하라고 장려도 안 하고 하지 말라고 금지도 안 합니다. 학교에서도 장려도 금지도 안 합니다. 그러나 단발은 자연히 많아 가리라고 생각합니다.

— 김활란, 「단발과 조선 여성-나는 단발을 이렇게 본다」,
『동광』 제37호, 1932년 9월.

다알지 기자

　안녕하십니까? 늘 여러분께 발 빠르게 재
판 소식을 전해 드리는 역사공화국 법정 뉴스
의 다알지 기자입니다. 저는 지금 일제 강점기 조선
의 구여성인 구효부와 신여성인 신문물의 재판이 열리는 현장에 나와
있습니다. 오늘 재판에서는 구여성 구효부가 어떤 사연으로 이번 소송
을 제기하게 된 것인지, 그리고 신식 교육을 받은 신여성의 모습은 어
떠했는지에 대해 중점적으로 알아보았습니다. 지금 막 첫 번째 재판이
끝이 났다고 하는데요, 이번 재판의 주인공인 원고 구효부와 피고 신
문물을 직접 만나 이 재판에 대한 소감을 들어 보도록 하겠습니다. 반
갑습니다. 먼저 원고인 구효부 씨부터 오늘 재판이 어떠했는지 말씀해
주시기 바랍니다.

구효부

　　나는 오늘 재판정에서 나와 같은 구여성들
이 재판정까지 나오게 된 것이 모두 신문물 같
은 신여성 때문이라는 것을 거듭 밝혔습니다. 신
문물은 배웠다는 이유로 구여성인 나를 무식하다고
소문을 내고 다녔습니다. 나는 이 법정에서 사람이 사람다워야 함을 정
당하게 밝히면서 학교를 많이 다녔다고 아름다운 여성이 되는 것은 아
니라는 것을 알리고자 합니다. 법정이 올바르게 판단한다면 당연히 나
의 손을 들어 줄 것이라고 생각합니다. 신문물이 일본 유학까지 다녀와
신문 기자로서 여성의 생활을 향상시키기 위해 애쓴 신여성이라고 계
속 주장하는데, 사실은 법도와 풍습을 무시하고 자신의 겉모습 꾸미기
에만 충실한 신여성이었다는 것을 밝히겠습니다.

신문물

　나는 식민지 조선의 여성으로서 늘 최선을 다해 살아왔어요. 처음엔 공부하는 것이 좋아 열심히 하였고, 공부한 뒤에는 배운 사람으로서 책임을 다하기 위해 노력했습니다. 조선의 발전을 위해, 특히 조선 여성들의 사회 진출과 지위 향상을 위해 일해 왔다고 자부합니다. 식민지의 힘든 세상에서 신여성으로 살아가는 것이 얼마나 어려운 일인지 아시는지요? 신여성과 구여성은 다릅니다. 생각하는 점이, 삶을 바라보는 가치관이 다르지요. 구여성들은 기존의 삶의 방식에서 벗어나 배워야 합니다. 배우는 것이 죄는 아닙니다. 사회 변화기에 있었기 때문에 사람들이 나를 비롯한 신여성에 대해 편견을 가지고 있었다고 생각합니다. 그러나 이번 소송을 통해 그런 것들이 모두 편견이었음을 최선을 다해 밝힐 생각입니다. 나에 대한 오해의 상당 부분은 나의 학식과 미모에 대한 질투로 인해 생긴 문제입니다. 그러나 나는 결코 짧은 치마에 뾰족구두만 신고 다니면서 사치와 허영에 빠진 사람은 절대 아닙니다.

신여성과 구여성의 삶은 어떻게 다를까?

1. 희생하는 삶을 살았던 구여성
2. 자신의 삶을 살고자 했던 신여성

1 희생하는 삶을 살았던 구여성

판사 자, 재판 둘째 날을 시작하겠습니다. 그럼, 오늘은 구여성과 신여성의 삶이 어떻게 달랐는지 알아보도록 하겠습니다. 피고 측 오진실 변호인부터 발언하시지요.

오진실 변호사 존경하는 판사님, 원고 측은 피고 신문물을 집안의 골칫거리로 사치와 허영에만 빠져 있다고 심하게 비난해 왔습니다. 하지만 피고는 여성의 지위를 높이는 데 정말 중요한 역할을 했습니다. 피고는 원고로부터 지탄받을 사람이 아니라 오히려 사회적으로 인정받아야 할 인물이었습니다.

판사 피고가 여성의 사회적 지위를 높였다고 하는데 어떻게 높였다는 말인가요?

오진실 변호사 일제 시기에는 지금처럼 모든 사람이 학교에 다니지 못했습니다. 신여성들은 지금의 초등학교인 보통학교에 입학하여 공부했고 이후 중학교, 고등학교를 졸업한 후에는 외국으로 유학을 갔습니다. 신문물은 1924년 경성에 세워진 우리나라 최초의 대학인 경성 제국 대학을 졸업했지요. 1929년 제1회 졸업생 가운데 조선인은 고작 19명에 불과했는데 그중에서도 신문물이 대학을 졸업한 유일한 여성이었습니다. 일제 강점기에 일본은 조선인들에게 고등 교육을 시키지 않았습니다. 겨우 전문학교나 중등학교 정도만 배우도록 했지요. 왜냐하면 식민 세력의 통치를 용이하게 하고 피식민 집단의 저항을 극소화하려는 의도였습니다. ▶이러한 가운데 피고 신문물은 더욱 사회에서 꼭 필요한 사람이 되려고 최선을 다해 공부한 사람입니다. 따라서 우리는 피고를 비난할 게 아니라 격려해야 합니다.

판사 구여성 가운데서도 학교를 간 사람이 있었나요?

김딴지 변호사 많이 없었습니다. 보통학교를 다니는 경우는 드물게 있었지만 대부분 학교에 가지 못했습니다. 구여성들은 가정 내에서 시부모 모시기와 자녀 양육에 필요한 것을 어머니나 어른들로부터 배우는 것이 전부였습니다.

판사 그렇다면 구여성 가운데 글을 읽을 수 있는 사람이 있었습니까?

김딴지 변호사 한글을 읽을 수 있는 경우는 간혹 있었습니다. 그러나 대부분은 어린 나이에 시집을 가 아이를 낳고 힘겹게 살아가야 하기 때문에 글을 배울 기회가 없었습니다.

교과서에는

▶ 일제 강점기에 여성의 지위는 전반적으로 크게 열악했습니다. 남존여비로 표현되는 봉건적 인습 탓도 있지만, 일제가 여성 차별을 법으로 정했기 때문이지요.

규방 가사
조선 시대 양반집 부녀자들 사이에서 유행하던 가사로, 시가와 산문 중간 형태의 문학을 말합니다.

「시골 여자 슬픈 사연」
봄, 여름, 가을, 겨울의 명확한 표지 아래 유기적 구성을 갖춘 총 258행으로 된 규방 가사로, 『울진 민요와 규방 가사』(울진문화원, 2001)에 실려 있습니다.

「직녀성」
『상록수』를 지은 작가 심훈의 장편 소설입니다.

오진실 변호사　구여성들과 달리 신여성들은 신식 공부만 한 것이 아니라 또한 자신의 삶의 방식을 고민했습니다. 신여성들은 인간으로 살고 싶어 했으니까요. 이런 고민을 할 수 있었던 것은 신여성들이 배웠기 때문에 가능한 것입니다. 자신이 무엇을 할 수 있으며, 사회에 어떤 도움을 줄 수 있는지를 교육을 통해 알게 되었으니까요.

김딴지 변호사　하지만 판사님, 원고를 비롯한 당시 구여성들은 규방 가사를 통해 자신의 입장을 이해했습니다. 구여성들의 모습이 잘 드러난 「시골 여자 슬픈 사연」, 「여자의 설움」 등의 규방 가사를 통해 자신들의 설움을 알았습니다.

오진실 변호사　아니, 원고가 규방 가사를 읽었다고요?

김딴지 변호사　판사님, 여기서 원고 구효부와 친분이 있으며 『직녀성』의 여주인공의 모티브가 되기도 한 이인숙을 증인으로 신청하고자 합니다.

판사　좋습니다. 증인 이인숙은 앞으로 나와 증인 선서를 부탁드립니다.

　　구효부와 비슷한 차림을 한 구여성 이인숙이 조심스러워하며 증인석에 나와 섰다.

이인숙　나, 이인숙은 진실만을 말할 것을 선서합니다.

김딴지 변호사   어려운 걸음 해 주셔서 감사합니다. 먼저 간단하게 본인 소개를 해 주시기 바랍니다.

이인숙   나는 몰락하는 명문가 집안에서 자라 귀족 가문의 남자와 조혼을 하게 되었습니다. 남편은 공부에 대한 관심은 조금도 없었고 대신 그림 그리는 것을 좋아했습니다. 그러나 집안의 반대로 꿈을 이루지 못하고 있었습니다. 그 모습이 안타까운 나는 남편을 일본으로 유학을 보냈습니다. 나의 도움으로 유학을 가게 된 남편은 처음에는 편지를 보내는 등 성실했습니다. 그러나 서

조혼
어린 나이에 일찍 결혼하거나 그렇게 한 혼인을 가리키는 말입니다.

서히 달라졌습니다. 그러더니 급기야 아름다운 모델과 살림을 차리면서 나에게 이혼을 요구했습니다. 다행히 나는 남편이 유학 가 있는 동안 공부를 조금 할 수 있었습니다. 남편의 편지를 읽고, 남편에게 뒤처지지 않는 아내이고 싶어서이긴 했지만요.

김딴지 변호사　예, 그런 이유로 글을 배웠군요. 증인은 원고가 규방 가사를 읽었다고 사전 신문에서 말씀하셨는데 사실입니까?

이인숙　예, 그렇습니다. 물론 시집 온 처음에는 구효부가 글을 읽는 줄 몰랐습니다. 어느 날 구효부가 내 이야기와 같다면서 나에게 「시골 여자 슬픈 사연」을 읽어 주었습니다. 구여성으로 글을 읽을 줄 아는 구효부가 부럽기도 하고 한편으로는 걱정되기도 했습니다. 왜냐하면 규방 가사를 읽으면서 구효부가 자신의 처지를 비관하게 될까 두려웠어요. 왜 자신이 남편도 없이 시부모님을 모시며 가정살림을 도맡아야 하는지 의문을 갖기 시작하면 한 가정의 아내로 살기 어려워지니까요.

김딴지 변호사　아까 말씀하신 규방 가사의 내용은 어떤 것이었습니까?

이인숙　참 슬픈 내용입니다. 배우지 못한 것을 탄식하는 내용입니다. 당시에는 구여성들이 교육을 받지 못했다는 이유로 종종 이혼을 당하기도 했으니까요.

김딴지 변호사　판사님, 이해를 돕기 위해 그 내용 일부를 한 번 읊어 보겠습니다.

판사　허락합니다.

　왜 신여성은 구여성과 다른 삶을 살았을까?

학문을 몰랐으니 생존경쟁 문화시를

내 어찌 알았을고.

(중략)

억만 가지 모든 일이 곡해만 자꾸 된다.

탄식한들 쓸데 있나 서러워한들 무엇하며

배울 때는 지나가고 어릴 때도 지나갔네.

오진실 변호사　　구효부가 평소에 규방 가사를 읽을 줄 안다고 해서 피고인 신문물처럼 똑똑하다고 할 수 있나요?

이인숙   그건 아닙니다. 많이 배우지 못한 구여성이 어떻게 똑똑할 수 있습니까? 하지만 구효부는 부지런하고 지혜로웠어요.

김딴지 변호사   증인은 원고가 글을 읽을 수 있다는 것은 어떤 의미라고 생각하시나요?

이인숙   세상에 나아가고 싶겠지요. 신여성이라고 불리는 여성들은 모두 학교에 다녔다고 폼을 내는 것이 아닙니까? 구효부는 다른 사람이 뭐라 하기 전에 세상의 여러 이야기를 들으면서 자신의 처지를 알았습니다. 그러나 당장 그녀가 어떤 행동을 할 수 있었을까요? 구여성이 글을 읽어 고생만 하는 거죠. 모르면 모르는 대로 살아가는 것이 인생인데 말입니다.

김딴지 변호사   당시 원고는 어떤 삶을 살았나요?

이인숙   구효부는 남편이 유학 가 있는 여러 해 동안 독수공방하며 지내왔습니다. 남편도 없는 집에서 시부모님을 효성으로 섬기면서 두 명의 아이를 모두 예의 바르게 잘 키웠습니다. 구효부는 아이들에 대한 사랑이 남달랐어요. 누구든 배워야 한다면서 열심히 가르쳤고요. 어느 날 구효부는 자신의 심정을 담은 가사 「여자의 설움」(김학길, 『계몽기 시가집』)이라는 규방 가사를 내게 들려주었어요. 눈에 물기를 머금고서 말이지요. 이런 내용이에요.

　　공부한 여자만 여자가 되고
　　공부 못한 여자는 여자 아닌가.

슬프도다. 이내 몸은 무슨 일로서
공부 못해 이것이 허물 되느냐.

김딴지 변호사   판사님, 이렇듯 원고 구효부는 자신을 희생하면서
한평생을 살았습니다.

판사   알겠습니다. 증인 수고했습니다. 자리로 돌아가셔도 좋습
니다.

자신의 삶을 살고자 했던 신여성

판사　그렇다면 일제 강점기에 자신을 희생하며 살았던 구여성과 달리 고등학교 이상의 교육을 받은 신여성들은 어떤 삶을 살았는지 살펴보겠습니다.

김딴지 변호사　판사님, 제가 먼저 말하겠습니다. 신여성은 공부를 한다는 이유로 가사 활동이나 경제 활동을 제대로 한 적이 없습니다. 여성의 도리를 잊고 사치나 일삼았지요.

오진실 변호사　원고 측 변호인 말대로라면 세상 여자들 모두 가사 활동만 해야 합니까? 신여성들은 학교 교육을 통해 여성의 나아갈 방향과 역할에 대해 고민했습니다. 원고를 비롯한 많은 여성은 이 부분을 생각해야 합니다.

판사　여성이 사회에 진출하는 것이 신여성들의 할 일이란 말씀이 신가요?

오진실 변호사　　맞습니다. 여성의 사회 진출이 욕을 먹어야 하는 일은 아니라고 봅니다. 신여성은 자신의 앞날을 개척했습니다. 우리나라 최초의 성악가인 윤심덕은 개인 독창회를 열었습니다. 나혜석은 화가로서 조선 미술 전람회 1회부터 5회까지 입선할 정도로 탁월한 실력을 자랑했습니다. 나혜석은 여성 화가로서 조선인 최초로 1921년 3월 경성일보사 건물 안의 내청각에서 개인전을 열 정도였습니다. 이외에도 '최초'라는 수식어를 붙이며 활동한 신여성들이 많았습니다.

조선 미술 전람회
1922년에 시작된 것으로 일제가 식민지 문화 정책의 일환으로 해마다 개최했던 전국 규모의 미술 공모전입니다.

김딴지 변호사　　여성의 사회적 지위가 높아지고 자신의 목소리를 낼 수 있는 터전을 만들어 나간 것이 신여성이었다는 것을 모르는 것이 아닙니다. 다만 문제는 신여성들이 그런 것을 평계로 사치를 부리며 구여성을 무시하는 탓에 구여성들이 가정을 지키는 것을 더 힘들게 만들었다는 점이지요.

오진실 변호사　　지금 우리나라가 이만큼 잘살게 된 이유가 무엇이라 생각합니까? 신여성은 당시의 사회를 근대화시키는 데 최선을 다했습니다. 신여성은 자신의 직업을 가지고 있습니다. 그녀들은 정식적인 교육 과정을 밟아 실력을 갖춘 여성들입니다. 그러나 그 어렵게 익힌 실력이라는 것을 제대로 발휘할 수가 없었습니다.

판사　　모두들 직업을 가지고 있었습니까? 그런데 실력을 발휘할 수 없다는 것은 어떤 의미인가요?

오진실 변호사　　당시 조선은 일제 식민지였습니다. 사회가 크게 성장하지 못해 직업을 갖기가 참 어려웠지요. 일부 좋은 직장은 일본인들이 차지했습니다. ▶남성도 아닌 식민지 조선의 여성으로 자신의 삶을 만들어 가는 것이 매우 어려운 상황이었습니다. 그런데도 배운 여성들은 전문직에 도전했습니다.

김딴지 변호사 전문직에 도전했다고요? 네. 신여성들 중 일부는 의사나 신문 기자, 화가 등이 되기도 했지만 대부분의 신여성은 자신을 꾸미느라 여념이 없었죠. 지금의 서울, 명동인 진고개만을 둘러봐도 그렇습니다. 그 잘난 신여성들은 입만 열면 여성을 위해 공부했다고 했지만 자기 몸치장에만 정신이 없었지요. 양장에 양산을 들고 영화관이나 카페, 백화점 등을 돌아다니며 구경하는 데 시간을 허비했습니다. 신여성은 쇼핑에 중독된 '쇼핑 중독자'에 불과합니다.

오진실 변호사 판사님, 원고 측 변호인의 주장은 여성 전체를 사치나 부리는 한심한 자로 인식하게 만들거나 매도하고 있습니다. 자제시켜 주시기 바랍니다.

판사 인정합니다. 김딴지 변호인, 좀 더 신중히 발언해 주세요.

김딴지 변호사 예, 잘 알겠습니다. 주의하도록 하겠습니다.

오진실 변호사 당연한 이야기이지만 사람은 누구나 사회생활을 위해서는 옷을 갖추어 입어야 합니다. 더욱이 바깥 생활을 하는 여성이 어찌 꾸미지 않을 수 있겠습니까? 요즘도 화장 안 한 여성을 게으른 여성이라 타박하지 않습니까? 몇몇 신여성의 문제점 때문에 바르게 산 여성들까

교과서에는

▶ 한국 여성들에겐 재산의 소유권이나 처분권이 인정되지 않았습니다. 재산 상속, 친권 행사에도 차별을 받았지요. 결혼한 여성은 남편의 동의가 있어야만 취업할 수 있었고, 노동 임금도 대개 남성의 절반 수준이었습니다.

지 손가락질을 받는 것은 억울한 일이지요.

"그건 그래. 몇몇 사회 문제를 일으킨 여성들 때문에 모두를 싸잡아 욕할 순 없지 않나?"

방청객들은 양쪽 변호사의 팽팽한 논쟁을 들으며 자기들끼리도 말을 주고받았다.

김딴지 변호사　판사님, 그러나 신여성들은 아름답게 자신을 꾸미고 다니면서 가정에서 수수하게 살림만 하는 구여성들을 비난하고 다녔습니다. 솔직히 말해 당시 신여성들이 무엇을 하고 다녔습니까?

오진실 변호사　무엇을 하고 다니다니요? 신여성을 이해하기 위해서는 당시의 사회 분위기를 알아야 합니다. 여성들은 가정과 사회에서 억압을 받아 왔습니다. 오랜 유교 사상과 풍습 때문에 여성의 몸가짐에 대해서조차 제재를 당해 왔지요. 그런데 신여성들은 달랐습니다. 외양으로도 여성의 자유와 자기의식을 표현하기 시작했고, 그 때문에 욕을 먹어야 한다는 것은 부당한 일이라 생각되지 않습니까?

김딴지 변호사　유행을 좇는 것이 자기의식의 표현이라는 것입니까?

오진실 변호사　유행을 좇는다기보다 유행을 주도했다는 말이 맞습니다. 당시 유행가도 유행이었습니다. 그런데 신여성들이 노래를 부른다는 이유로 비난을 받았습니다. 1920년대 유성기와 레코드, 무성 영화, 라디오 같은 최첨단 매체가 등장하고, 이런 것들이 도시의 새로운 풍속도를 만들어 가는 중이었습니다. 특히 유성기와 레코드

유성기
레코드에서 녹음한 음을 재생하는 기계로 축음기라고도 합니다.

는 매우 폭넓게 활용되었는데 당시 한 대당 가격이 30~80원 정도인
유성기는 각지의 청년회 등에서 공동 구입하는 경우가 많았습니다.
한 장에 평균 1원 정도 하던 유성기 음반은 1930년대 초에 이르면
한 해 평균 100만 장 이상 팔렸습니다. 그야말로 대박이었지요.

판사   100만 장이라고요? 일제 강점기에 그게 가능한 일이었습
니까? 그런데 노래는 누구나 즐길 수 있는 것인데 왜 욕을 먹었습
니까?

오진실 변호사   조선 시대까지 노래하는 여자는 대개 기생이나 사

당패 부류였기 때문에 사회의 인식이 좋지 않았지요.

김딴지 변호사　피고 측 변호인은 아직 사태의 심각성을
모르고 있습니다. 신여성을 바라보는 남성들의 시선을 알
아야 합니다. 뿐만 아니라 도시와 농촌 가릴 것 없이 극도
의 빈곤 상태에 놓여 있는 시기에 외제 물건으로 몸을 치장하는 것
이 제대로 된 여성입니까? 신여성들은 자신이 억울하게 나라를 빼
앗긴 식민지의 백성이라는 사실을 잊은 듯 행동했습니다.

오진실 변호사　아닙니다. 신여성도 식민지 백성이라는 사실을 뼈
저리게 알고 있었습니다. 기자, 의사 등의 전문직에 종사하는 경우
도 많았지만 선생님이 되어 학생들에게 민족의식을 일깨운 신여성
도 많았습니다.

김딴지 변호사　피고 측 주장은 비현실적입니다. 이런 신여성들이
얼마나 많았으면 소설에도 버젓이 나오겠습니까! 소설 「은파리」의
한 대목을 읽어 보겠습니다.

> "얘야, 월급이 어떻게 되었니. 아까도 쌀가게에서 들어와서 한
> 참이나 조르고 갔다."
>
> (중략)
>
> "아이쿠. 글쎄 오라비보고 좀 변통해 보라고 그러세요. 인제 여
> 름이 되었으니 흰 구두 한 켤레하고 여름 우산 하나는 사야 하지
> 요. 삼복이 가까워 오는데 검정 구두를 신고 어떻게 학교에 다닙
> 니까?" 하고 학교 교사로 다니는 것을 텃세로 내세우니까 따님의

사당패
조선 시대에 무리를 지어 떠돌아
다니면서 노래와 춤을 파는 일을
업으로 삼는 여자를 말합니다.

말이 모두 신식인 줄만 알고 계신 어머님 말씀.

—목성기의 소설 「은파리」에서(『신여성』 2권 5호, 1924년 7월)

판사　　원고 측 변호인이 이야기한 것이 사실입니까?

오진실 변호사　　당시 도시와 농촌 가릴 것 없이 극도의 빈곤 상태에서 외제 물건으로 가득 찬 진고개에 가서 구두 사고 양산 사는 일은 분명 사치스러운 일이라고 생각할 수 있습니다. 그러나 이를 두고 신여성들의 허영으로 몰아붙이면 안 된다고 봅니다. 당시 구두와 양산은 그리 새삼스러운 물건이 아니었습니다. 조금 산다는 사람들은 누구나 가진 것이었습니다.

김딴지 변호사　　글쎄요, 구두와 양산이 누구나 가진 것이라니요? 구여성들은 아무것도 가지지 않았습니다.

오진실 변호사　　답답한 말씀을 하시네요. 신여성들은 도시의 소비 주체였습니다. 1920년대 들어서면서 도시에는 길이 넓어지고, 가로등이 설치되기 시작했습니다. 전차와 자동차가 달리기 시작했죠. 일부 계층에서는 자동차 드라이브도 즐기게 되었고요. 1920년대 가장 신도시인 경성은 그야말로 화려했습니다. 도시는 사람들에게 소비 욕망을 부추겼습니다. 살 돈은 없어도 사고 싶은 물건은 많았으니까요. 진고개는 신여성들에게 동경의 장소이자 유혹의 장소였지요. 구두와 양산을 사는 것 정도는 여라자면 누구나 가지고 있는 욕망이며 손가락질을 받을 정도의 나쁜 행실은 아니었습니다. 당시 진고개 풍경 사진을 증거로 제출하는 바입니다.

판사는 피고 측에서 제시한 사진을 한참 들여다보더니 고개를 끄덕였다.

1920년대 당시 신여성들이 많이 찾던 번화가로 오늘날의 서울 명동인 진고개

판사 증거로 채택합니다. 진고개가 상당히 발달해 있었네요.

오진실 변호사 그렇습니다. 도시에는 새로운 먹을거리와 볼거리가 많았습니다. 1920~1930년대 군고구마와 더불어 사이다, 레모네이드, 소다수, 밀크셰이크, 냉커피 등 다양한 음료가 인기를 얻었어요. 또한 산보가 대유행이었습니다. 기존 여성들은 안채에 갇힌 채 바깥출입이 자유롭지 못했을 때도 있었지만 이젠 달라졌죠. 도시인의 세련됨을 드러내기 위해서 여성들이 거리로 나선 거예요.

김딴지 변호사 도시의 세련이라고요? 참 가관입니다. 신여성들이 대체 뭐를 했습니까? 남몰래 사귀는 애인과 경성우체국에서 만나 진고개 시계 집에서 '팔뚝 금시계'를 선물 받고, 진고개 사진관에 들어가 둘만의 사진을 찍고, 집에 와서는 상으로 받은 시계라고 부모에게 거짓말이나 하는 여성이 신여성입니까? 신여성들은 철없이 소비만 푹푹 해대는 속물에 불과했습니다.

오진실 변호사 속물이라니요? 신여성들은 몸도 마음도 건강했던 아름다운 사람들이었습니다. ▶당시 서양 운동인 탁구, 정구, 테니스, 농구, 스키, 골프, 수영 등이 소개되었

교과서에는

▶1923년에는 '제1회 전 조선 여자 정구 대회'가 열리기도 하였습니다.

습니다. 신여성들은 이런 운동을 통해 신체를 건강히 할 뿐 아니라
피아노도 연주할 줄 알았습니다. 취미 활동으로 음악에도 조예가 깊
었습니다. 다양한 취미 활동을 통해 세련된 사람으로 거듭났습니다.

김딴지 변호사　　피아노만 치면 세련된 신여성인 겁니까?

오진실 변호사　　꼭 그런 것은 아니지만 여러 가지를 갖추기 위해 노
력했다는 뜻입니다. 그들의 노력도 이해하고 인정받아야 합니다. 신
여성들은 어려운 환경에서도 최선을 다해 공부했고 새로운 것을 추
구했습니다. 신여성들도 당시 처한 사회적 문제를 고민하면서 살아

　　　왜 신여성은 구여성과 다른 삶을 살았을까?

남기 위해 몸부림쳤습니다. 그녀들은 자신들이 무얼 해야 하는지 고민을 많이 했던 사람들입니다. 식민지에서 배움을 갈구하는 여성들에게는 그들이 뭔가를 이루어야 한다는 절박함이 있었습니다. 그들의 그런 노력이 있었기에 그들의 삶의 방식을 많은 여성이 뒤따라 했다고 생각합니다. 그저 사치만 부리는 유약한 여성이 아니라는 것을 한 번쯤 생각해 주셨으면 합니다.

판사 두 분의 이야기 잘 들었습니다. 오늘은 구여성과 신여성 삶이 어떻게 달랐는지를 살펴보았습니다. 이런 내용을 바탕으로 세 번째 재판을 이어 가겠습니다. 오늘 재판을 마치겠습니다.

　땅! 땅! 땅!

우리나라 최초의 여권 선언문 '여성 통문'

1898년 9월 1일, 서울 북촌에 사는 양반 부인 300~400명이 뜻을 모아 우리나라 최초의 여권 선언문인 '여성 통문'을 발표했습니다. 이 선언문이 발표되자 당시 사회는 크게 놀랐습니다.

첫째, 여성은 병신이 아닌 온전한 인간이어야 한다. 온전한 인간이란 곧 남성과 평등한 권리를 갖는 인간이다. 문명개화 정치를 지향하는 새 시대를 맞이하여 온갖 옛 법과 옛 풍습이 개혁되고 있는데, 오직 여성들만이 옛 법을 그대로 지키고 있으니 귀먹고 눈 어두운 병신과 같다. 여성은 먼저 의식의 병신으로부터 해방되어야 한다.

둘째, 남성과 똑같은 온전한 신체를 가진 평등한 인간인 여성이 어째서 평생 동안 깊은 규중(閨中)에 갇혀 남성의 규제를 받아야만 하는가. 이는 여성이 남성이 벌어다 주는 것에만 의지하여 사는 경제적으로 무능력한 병신이기 때문이다. 여성도 경제적 능력을 가져야만 평등한 인간 권리를 누릴 수 있다.

셋째, 여성 의식을 깨우치고 사회 진출 능력을 갖기 위해서는 무엇보다 여성들이 남성과 동등한 교육을 받아야 한다. 여성이 당당한 사회의 일원으로 살아갈 수 있도록 여학교를 설립해야 한다.

—『황성신문』 1898년 9월 8일 별보

다알지 기자

　　오늘도 저는 한국사법정 앞에 나와 있는 다알지 기자입니다. 구여성 구효부와 신여성 신문물의 두 번째 재판이 방금 끝났습니다. 오늘 재판에서는 일제 강점기의 조선 여성들의 삶에 대해 알아보는 시간을 가졌습니다. 구여성들은 사회적 관습 때문에 학교에 가지 못하여 배우지 못한 무식한 여성이라는 소리를 들으며 살아야 했습니다. 신여성들은 시대적인 불우한 환경에서도 근대 교육을 통해 자기 개발을 꾀하여 사회적 공간으로 진출하려는 노력을 했다는 사실을 알게 되었습니다. 지금 막 법정을 나서는 오진실 변호사와 김딴지 변호사를 만나 보도록 하겠습니다. 오진실, 김딴지 변호사님, 오늘 재판에 대해 한 말씀씩 해 주시지요.

오진실 변호사

　　오늘 재판은 참 힘들었습니다. 하지만 원
고 측에서 저희 주장을 반박할 수 있는 형편이
아니더군요. 원고 측의 논리의 핵심은 신여성이 사
치와 허영에만 빠져 있었다는 비난조의 논리밖에 내세우질 못했지만,
이번에 제가 그 논리가 맞지 않다는 것을 정확히 이야기했습니다. 그
리고 신여성에 대한 지나친 편견에 사로잡혀 있는 남성 중심의 사회에
진출하기 위해 신여성들이 얼마나 많은 노력을 했는지를 역설했지요.
단순히 멋을 부리고 허영심을 채우는 여성들이었다면 우리나라의 여
성 사회는 시대적 발전을 맞이할 수 없었을 것이라 생각해요. 그들 신
여성들의 희생 덕에 오늘날 저처럼 많이 배운 사람이 이런 역할을 수
행하고 있는 것 아닐까요.

김딴지 변호사

　재판이 진행될수록 원고 쪽이 점점 유리
할 거라는 확신이 듭니다. 지금까지는 재판 과
정에서 학교와 공부에 대한 이야기가 너무 많이 나
와 원고 입장에서는 주눅이 좀 들었습니다. 구여성들은 자신의 삶의 목
표가 시부모 봉양과 남편 뒷바라지, 그리고 아이들 보살핌이 전부였습
니다. 그리고 그것들이 제대로 이루어졌을 때 행복을 느꼈지요. 그런
시대였으니까 구여성은 그런 상황을 당연하게 여겼던 것이지요. 물론
사람은 자신이 중심이 되어야 합니다. 공부를 떠나 삶의 주체가 자신이
라는 것을 구여성들은 알아야 합니다. 그러나 그 사실을 알지 못한다고
해서 비난을 받는다거나 멸시받아야 하는 것은 아니라고 생각합니다.
반대로 신여성은 자신이 받은 교육 기회를 조선 여성 전체에게 돌아갈
수 있도록 하는 책임 있는 자세가 필요한 것 같습니다.

조선시대 여성들의 물건은?

경대

'거울이 있는 대'를 뜻하는 말로, 거울과 거울을 지탱하는 지지대에
서랍 등이 있는 형태의 가구를 말합니다. 대부분 동양에서는 좌식을,
서양에서는 의자식을 썼으며, 일반적으로 경대라고 하면 좌식의 것
을 말하지요. 의자식은 '화장대'라고도 합니다.
조선시대에 이르러 대중화된 것으로 알려져 있으며, 그 이전인 고려
시대에는 거울을 걸어놓고 사용하였습니다. 서랍에는 빗이나 비녀
등을 넣어서 머리를 빗거나 화장을 하는데 용이하도록 하였습니다.

노리개

노리개는 저고리고름이나 치마허리에 차는 부녀자들의 장신구입니다. 색깔이 다양하고 은이나 옥과 같은 귀한 패물을 사용하여 화려하고 섬세한 아름다움을 더해주지요. 특히 노리개는 조선시대에 들어와 많이 사용하였는데, 매듭이나 술의 장식이 다양하여 노리개의 형태는 매우 다양하였습니다.

사용한 재료는 달랐지만 궁중에서는 물론 평민에 이르기까지 널리 애용되었습니다. 집안에서 전해오는 노리개를 자손 대대로 물려주기도 하였지요.

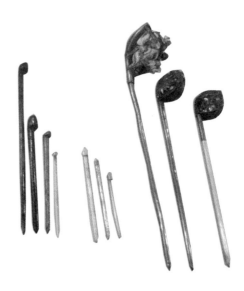

비녀

머리를 얹거나 쪽을 진 후에 모양을 만든 머리가 풀어지지 않게 꽂거나 고정을 시키기 위해 사용한 장식품을 비녀라고 합니다. 한자어로는 '잠', '계', '차'라고도 하지요.

우리 선조들은 아주 옛날부터 비녀를 사용한 것으로 보이며, 조선 중기에 이르러서는 가체에 의한 얹은머리가 유행하였습니다. 그래서 이렇게 얹은머리를 고정시키는데 또 비녀가 많이 사용되었지요. 비녀는 그 모양이나 재료가 매우 다양하여, 봉황이나 용의 모양을 본뜬 것에서 부터 꽃의 모양을 빌린 것도 있었으며, 금이나 옥으로 만든 것은 물론 나무로 만든 것도 있었습니다. 여성의 머리 모양을 만들기 위해서는 꼭 필요한 물건이었지요.

은장도

은으로 만든 작은 칼로, 남녀가 몸에 지니
는 노리개 또는 호신용 칼을 은장도라고
합니다. 장식용으로 차기도 하고 남을 공
격하거나 때로는 자결을 위한 것으로 사
용하였지요. 우리나라에서 장도를 차는
풍습이 생긴 것은 고려 때부터이며, 조선
시대에는 널리 보편화되었습니다. 은장도
의 재료는 은이며 칼집 등은 강철로 만들
어져 있는데, 그 중에는 은젓가락이 달려
있는 것도 있습니다.

가락지

여성의 손가락에 끼는 장식물을 '가락지'
라고 합니다. 금이나, 은, 옥 등으로 만들
어져서 결혼을 할 때 예물로 주기도 합니
다. 대부분 안은 판판하고 겉은 통통하게
만든 두 쪽의 고리로 이루어져 있으며, 한
짝으로 된 것은 '반지'라고 따로 부르기도
합니다.
조선시대에는 결혼을 한 여자들만 가락지
를 낄 수 있었으며, 미혼여자들은 반지를
사용하였습니다.

출처: 여성생활사박물관(www.womanlife.or.kr)

신여성은 왜 정상적인 혼인이 어려웠을까?

1. 사랑은 할 수 있으나 혼인은 못 하는 신여성?
2. 부인은 될 수 있으나 사랑은 못 받는 구여성?

사랑은 할 수 있으나
혼인은 못 하는 신여성?

판사　이제부터 세 번째 날 재판을 시작하겠습니다. 지난번에 신여성과 구여성의 삶의 방식과 시대 상황에 따른 교육 문제 등에 대해 자세한 얘기들을 들었습니다. 마지막으로 이 사건의 커다란 빌미가 된 신여성의 결혼과 애정 문제에 대한 이야기를 나누었으면 합니다. 어느 쪽에서 먼저 말씀을 해 주시겠습니까?

오진실 변호사　존경하는 판사님, 제가 먼저 말씀드리겠습니다. 피고인 신문물이 가장 억울하게 생각하는 것은, 왜 자신이 후손들에게 나쁜 여성, 이기적인 여성으로 비추어지느냐 하는 것입니다. 피고에게 새로운 문화의 개척자라는 이미지가 아닌 남의 가정이나 파탄에 이르게 하는 여성이라는 오명을 심어 준 것은 다름 아닌 원고와 그의 주변 사람들이었습니다.

판사　　그렇다면 원고와 그 주변 사람들이 왜 피고를 '가정 파괴범'이라고 하는 겁니까?

김딴지 변호사　　그것은 제가 말씀드리겠습니다. 피고 신문물은 원고가 남편의 사랑도 받지 못하는 '허수아비'라고 말했습니다. 아니, 세상에 정식으로 혼인하여 잘 사는 부인을 허수아비라고 놀리는데 참고 있을 사람이 몇이나 되겠습니까! 당시 많은 신여성의 글 속에는 구여성들을 세상인심을 잘 모르는 답답한 사람으로 묘사하고 있습니다.

오진실 변호사　　구여성들은 몇 살에 혼인을 합니까? 남편의 얼굴을 확인하고 혼인한 일이 있습니까? 평생 같이 살아야 될 반려자를 만나서 이야기도 해 보지 않고 덜컥 혼인을 하다니요? 말이 안 됩니다. 구여성들은 자신의 인생을 쉽게 생각하는 것 같습니다.

김딴지 변호사　　말씀이 심하시네요. 자신의 인생을 쉽게 생각하다니요? 원고인 구효부는 비록 열여섯 살 어린 나이에 혼인했지만 한 가정을 책임질 줄 알았던 성숙한 사람이었습니다. 그리고 피고 측 변호인은 그 시대 풍습도 모르고 있는 겁니까? 집안에서 정해 주는 사람과 혼인하는 것이 대대로 내려오던 우리의 풍습이었습니다.

오진실 변호사　　말이 안 됩니다. 어떻게 열여섯 살 된 여자를 성숙한 사람이라는 것입니까? 무슨 근거를 가지고 그렇게 이야기하는 것입니까?

김딴지 변호사　　사람은 혼인을 해야 어른입니다. 딴 증거가 뭐 필요합니까? 혼인 신고서를 보여 드리죠. 판사님, 원고 측의 증거로 구효

부의 혼인 신고서를 제출합니다.

방청객뿐만 아니라 모두들 고개를 들고 김딴지 변호사가 들고 있는 자료를 바라보았다. 혼인 신고서에는 남편 이현빈과 아내 구효부의 이름이 선명하게 적혀 있었다. 방청객들도 "법적으로 맺어져야 부부"라며 수군거렸다.

판사   그렇군요. 남편 이현빈과 그의 아내 구효부가 부부라는 사실이 기록된 혼인 신고서군요.

오진실 변호사   흠……, 부부가 혼인하면 당연히 혼인 신고서가 만들어집니다. 그러나 두 사람에게는 혼인 생활에서 가장 중요한 사랑이 없지 않습니까? 부부가 애정이 없으면 무슨 소용이 있습니까? 제 생각에는 원고와 남편 사이에는 이제 서류 한 장밖에 없습니다.

김딴지 변호사   서류 한 장에 불과한 사이라니요? 말도 안 됩니다. 지금 남편 이현빈이 큰소리치면서 사회 활동을 할 수 있는 것도 모두 아내인 구효부 덕분입니다. 그녀의 희생이 없었다면 이씨 집안은 벌써 무너졌을 것입니다.

오진실 변호사   김딴지 변호인의 말씀을 듣고 있으면 원고의 능력이 참으로 대단하군요. 그러나 꼭 그렇지는 않습니다. 자신을 계발하지 않고 남편에 의지하고 자식에 기대어 살겠다는 것이 원고가 말하는 미덕일까요? 아마 원고가 가족을 위해 희생, 희생 하는데 남편을 위시한 가족은 그 사실을 부담스러워할 뿐입니다. 저희 쪽에서 원고의 희생이 부담스럽다는 것을 증명해 줄 증인을 요청합니다.

판사   좋습니다. 증인으로 나올 사람은 누구입니까?

오진실 변호사   한국 최초의 여성 성악가인 윤심덕입니다.

피고 측 증인으로 '윤심덕'이라는 이름이 불려지자 방청객들은 모두 깜짝 놀랐다. 윤심덕이야말로 세상을 떠들썩하게 했던 그 유명한 신여성이 아닌가. 그 순간 원고 측의 표정이 굳어졌다.

판사　증인은 증언대로 나와 선서를 해 주세요.

윤심덕　나는 진실만을 말할 것을 선서합니다.

판사　증인은 간단하게 본인 소개를 해 주시기 바랍니다.

윤심덕　네. 나는 한국 여성 성악가로 경성사범부속학교 음악 교사로 있으면서 음악회에 출연하여 명성을 떨쳤고, 특히 〈사(死)의 찬미〉로 세간의 인기를 끌었던 윤심덕이라고 합니다. 여러분이 생각하는 나의 이미지는 사랑하는 남자와 같이 바다에 빠져 죽은 여자라고들 알고 있을 겁니다. 그러나 나는 참 자랑할 것이 많습니다. 특히 국내 최초라는 타이틀을 많이 가지고 있습니다. 최초 국비 유학생, 여성 성악가, 대중 가수, 당대 최다 레코드 판매량 보유 가수, 방송국 사회자, 패션 모델 등 헤아릴 수가 없을 정도입니다. 내가 이렇게 많은 일을 할 수 있었던 것은 다름 아닌 공부였습니다. 나는 평양의 독실한 기독교 집안의 둘째 딸로 태어나 유학까지 다녀왔습니다. 무슨 일이든지 열정을 다해 살아왔습니다.

오진실 변호사　증인, 사람들이 증인의 마지막을 대단히 궁금하게 여기고 있습니다만 지금은 다른 질문부터 해 보겠습니다. 당시 신여성이 대단히 독립적으로 자라고 생활했다고 하는데 사실입니까?

윤심덕　네, 사실입니다. 나는 대한 제국으로 나라의 이름을 바꾼 1897년에 태어났습니다. 우리 집안은 넉넉한 편은 아니지만 부모님이 일찍 기독교

대한민국 최초의 소프라노 가수인 윤심덕. 유행 가수로 전향한뒤 발표한 〈사의 찬미〉는 인기를 끌었습니다.

에 입문했기 때문에 개명한 집안에 속했지요. 내가 열 살
때 언니와 함께 진남포 사립 삼숭여학교에 입학했습니다.
신식 교육을 받기 시작한 것이죠. 신문물과 비슷한 점이
많습니다. 내가 형편이 여유로워 공부를 한 것이 아니라
내 의지가 강하고, 다행스럽게도 우리 부모님이 개명한 분들이라 공
부를 맘껏 할 수 있었던 것입니다.

오진실 변호사   일본으로 유학 갔을 때 어려움은 없었습니까? 화려
한 외모에 성악을 전공했기 때문에 사람들의 시선을 받을 일이 많았
을 텐데, 어땠습니까?

입문
무엇을 배우는 길에 처음 들어서
는 것을 말합니다.

윤심덕   나는 사람들의 시선을 그리 의식하지 않았습니다. 같이 공부하던 남학생들이 사귀자는 이야기를 많이 했지만 응하지 않았어요. 더구나 대부분의 남학생이 이미 조선에서 결혼을 하고 온 경우가 대부분이라 연애를 하기도 쉽지 않았습니다. 나는 풍족한 유학 생활이 아닌 터라 오직 공부에만 집중했습니다. 아마 신문물도 마찬가지였을 겁니다.

오진실 변호사   신문물과 원고의 남편인 이현빈과의 만남이 특별하지 않다는 것입니까?

윤심덕   나는 그렇다고 생각해요. 타국에서의 유학 생활이 그리 즐거운 것만은 아닙니다. 식민지 백성으로 울분을 느낀 적도 많았지요. 경제적 어려움에 고향에 대한 향수가 합해져 두 사람이 다른 사람보다 가까운 사이로 보였을 것입니다.

오진실 변호사   증인은 누구의 며느리로 살아 볼 생각은 하지 않았습니까? 증인 정도의 이력이면 얼마든지 좋은 집안 사람을 만나 결혼할 수도 있지 않았습니까?

윤심덕   신여성들에게 결혼은 매우 어려운 일이었습니다. 기회가 별로 없었습니다. 공부할 때 마음에 드는 남자는 이미 조혼을 한 상태이고, 중매를 하면 대부분의 집안에서 꺼려합니다. 많이 배워 힘들다는 거죠. 나도 그 마음은 모르지 않습니다. 솔직히 당시의 세상 인심은 내 딸이라면 유학 보내 공부를 많이 시키고, 며느리는 순종과 희생을 미덕으로 아는 여성을 데려오고 싶어 했지요. 특히 며느리는 집안을 이을 손자를 낳아야 하는 중대한 역할을 해야 했어요. 아들이 공부하는 이유는 집안의 '격'을 유지하기 위함이고, 조혼은 후손이 늦어서는 안 된다는 거죠. 당시 대부분의 구여성은 다 그렇게 살았습니다. 남편 없이 아이 기르고 시부모를 모시고 살았습니다. 나는 일찍 세상을 떠났지만 내가 하고 싶은 일은 대부분 했기 때문에 복이 많은 편이었다고 생각합니다.

판사   그러니까 신여성들은 혼인하기가 어려웠다는 말이군요.

오진실 변호사   1920년대 자유연애에 의한 혼인이 많이 이루어지긴 했지만 신여성의 남편이 될 만한 배운 남성은 대부분 '조혼'을 한 상태였습니다. 솔직히 말씀드려 배운 여성들이 혼인할 수 있는 남자가 드물었습니다. 결국 신여성들이 선택할 수 있는 혼인의 형태가 그리 많지 않았습니다. 첫째는 첩이 되는 경우, 둘째는 후처로 가는 경우, 셋째는 독신 여성으로 살거나 아주 늦게 혼인하는 경우 등이었습니다. 신여성들이 유부남의 첩이 되거나 후처로 가는 경우는 남성들의 조혼 때문에 당연히 나타날 수밖에 없는 사회 현상라고 생각합니다. 신여성은 자신이 사랑하는 사람이 조혼한 사람이라는 것을 알고 시작한 경우도 있지만 대부분 모르고 시작하는 경우가 많았습니다.

김딴지 변호사   판사님, 원고 구효부는 정식 혼인을 통해 한 가정을 이룬 사람입니다. 그녀의 가정을 무시해서는 안 됩니다. 어떻게 사람이 사랑만 가지고 살 수 있습니까?

오진실 변호사   판사님, 부부는 사랑으로 결합된 운명 공동체입니다. 혼인 증명서라는 서류 한 장보다 두 사람이 얼마나 사랑하는지

현해탄
대한 해협 남쪽으로, 일본 후쿠오카 현 서북쪽에 있는 바다입니다. 수심이 얕고 풍파가 심한 것으로 유명하지요.

에 주목해야 합니다. 여러분은 사랑을 위해서 목숨을 바칠 수 있습니까? 여러분도 잘 알고 있는 증인 윤심덕 이야기를 좀 더 해 보죠. 윤심덕은 가난한 집안에서 태어났으나 성악에 뛰어난 소질을 가지고 있었습니다. 경성 여자 고등 보통학교 사범과와 도쿄 음악대학 성악과를 나온 인재 중의 인재였습니다. 당시 동경에는 재일 유학생의 친목회가 있었고, 윤심덕은 여기에서 와세다 대학 영문과에 재학 중인 김우진을 알게 됩니다. 두 사람은 사랑했습니다. 그러나 김우진은 이미 아내가 있는 사람이었고 당시 목포의 부잣집이었던 김우진 집안의 반대로 혼인은 어려웠습니다. 결국 두 사람은 현실과 이상 사이에서 갈등하다 **현해탄**에서 동반 자살을 했지요. 죽음보다 사랑이 이루어져야 하지 않겠습니까?

김딴지 변호사　　말이 안 됩니다. 불륜 관계를 사랑의 대표적인 예로 설명하다니요? 그럼 원고는 남편을 사랑하지 않았겠습니까? 그녀도 남편을 사랑했고 사랑받고 싶었습니다. 윤심덕의 경우 다른 누구에게도 뒤지지 않는 뛰어난 재능은 가졌지만 도덕적으로는 남의 가정을 파탄 낸 파렴치한 사람에 불과합니다. 당시 신여성들은 돈 때문에, 경제적 어려움 때문에 남의 첩이 되는 도덕성에 문제가 참 많았습니다.

오진실 변호사　　말씀을 삼가 주세요. 당시 신여성 가운데 돈 때문에 부자들의 첩이 되는 경우는 아주 극소수였습니다. 그렇게 싸잡아 말하는 것은 신여성을 모욕하는 것입니다.

김딴지 변호사　　신여성들은 첩이 되면서 스스로를 '제2부인'이라고 한다고 하더군요. 웃지도 못할 일이지만 스스로를 위한 변명에 불과합니다. 여러분, 안 그렇습니까?

김딴지 변호사가 신여성들을 비난하자 재판을 지켜보던 피고 신문물이 자리에서 일어나 거세게 항의했다.

신문물　　변명이라니요? 우리도 참 힘들었어요. 일부러 아내가 있는 사람을 만난 건 아닙니다. 대학에 들어가서 친구로 만나다가 정이 든 것인데……. 내가 아닌 1920년대 다른 신여성의 고민을 이야기해 드리겠습니다. 바로 내 심정과 같기 때문입니다. 판사님, 읽어도 괜찮을까요?

판사   허락합니다.

보시오! 학교 나오면서 한 양반과 '영원히 사랑하자'는 굳은 맹세를 하고 보니 그이는 벌써 장가가서 부인이 눈이 새파래 있고 어린 아기까지 있어요. 그 양반 말씀은 이혼하고 살림을 차리자고 하지만 그것이 될 일입니까. 남의 집 남편과 연애하는 이년이 못 된 년이지요. 또 그렇다고 그 양반과 깊어진 연애가 그렇게 단순하게 끊어질 수도 없습니다. 내 생각만으로는 그이가 없었던들 이 세상이 같지 아니할 것 같습니다. 정말 그이가 있기 때문에 나는 사는 것 같아요. 그러니 어쩝니까. 첩 노릇은 할 수 없고요.

—영자, 「처녀의 번민: 어지러워져 가는 이 마음」,
『신여성』 3권 11호, 1925년 11/12월호.

판사   잘 들었습니다. 그럼, 피고에게 묻겠습니다. 당시 '제2부인'에 대한 모든 책임을 신여성에게 돌리는 상황이었습니까?

신문물   네. 그렇습니다. 1930년대에 오면 간혹 상대 남성에게 물음을 던지기도 했습니다. 당시 '제2부인'이 등장하는 상황에 대해 남성들의 책임이 크다는 것을 인식하기 시작했습니다. 예를 들면 '아내가 있고도 없는 체하는 남자', 아내가 있다는 것을 솔직하게 말하면서 '의(義)가 없다는 말을 꺼내 가지고 덤비는 남자'들에 대해 질타하는 경우가 있었습니다.

판사　피고는 왜 세상 사람들의 욕을 먹어 가면서 남의 첩이 되려고 했습니까?

신문물　다 사랑 때문이었습니다.

　지난날을 떠올리는 듯 신문물은 잠깐 눈을 지그시 감았다. 그런 그녀를 바라보는 방청객들의 심정도 두 패로 나뉘어 소란스러워지기 시작했다.

판사　자자, 모두들 조용히 재판을 관람하기 바랍니다.

오진실 변호사　판사님, 계속해도 되겠습니까?

판사　오진실 변호인은 계속해도 좋습니다.

오진실 변호사　판사님, 윤심덕에 이어 한국 최초로 개인전을 열었던 나혜석을 증인으로 요청합니다. 당시 일부 신여성들은 혼인을 거부하여 독신으로 지내는 경우가 많았습니다. 그러나 나혜석은 자신의 사랑을 찾아 후처로 결혼했다가 스캔들 때문에 이혼을 당하게 됩니다. 그녀를 통해 당시 신여성들의 결혼 풍속을 알아보았으면 합니다.

판사　허락합니다. 증인은 앞으로 나와 선서를 해 주시기 바랍니다.

화려하게 차려입은 증인 나혜석이 당당한 걸음걸이로 법정 안으로 들어섰다. 방청객들은 놀랍다는 듯이 그녀의 모습을 눈으로 좇았다.

나혜석　　나는 진실만을 말할 것을 선서합니다.

판사　　말씀은 많이 들었습니다. 본인 소개를 부탁드립니다.

나혜석　　나는 1920년대 일제 강점기라는 상황 속에서도 해 보고 싶은 것은 모두 해 볼 정도로 열정적이었지요. 만주를 거쳐 프랑스 파리에 가서 1년 가까이 그림 공부도 했습니다. 지금 생각해도 참 행복한 시간이었습니다. 우리 집이 큰 부잣집인 덕에 오빠들도 다 신교육을 받았지요. 나는 학업 성적도 뛰어나고 그림도 잘 그렸습니다. 진명 여학교를 졸업하고 오빠의 도움으로 도쿄 여자 미술학교로 유학을 갔습니다. 유학 도중 새로운 서구 사상과 일본의 신여성 운동을 접하면서 나 자신에 대한 생각을 많이 하게 되었고 스스로 단단해졌습니다. 이 시기에 나는 유화를 배우고 글을 썼습니다.

오진실 변호사　　증인은 그림에 소질이 있었습니까? 당시 유학을 가는 경우는 현실적으로 필요한 농업이나 판사, 변호사가 되는 과정을 배우러 가는 경우가 많았는데 증인은 그림을 공부했습니다. 누구의 도움이 컸습니까?

나혜석　　둘째 오빠 나경석의 도움이 없었다면 유학을 가지 못했을 겁니다. 경석 오빠도 일본에서 영어와 화공학을 공부한 엘리트였습니다. 경석 오빠가 나를 일본으로 데려가 공부를 시켜 주었습니다. 그 이후에도 많은 도움을 받았지요.

오진실 변호사　개인 사생활과 관련된 문제를 질문 드리는 것을 이해해 주십시오. 혹 증인께서도 유학 생활을 하는 동안 사랑을 하셨는지요? 아니면 결혼할 남자가 있었습니까?

나혜석　나는 젊고 아름다운 여성이었습니다. 당연히 사랑을 했습니다. 당대 조선 최고의 청년 지식인인 최승구를 만나 연애를 했죠. 불행히도 최승구가 병으로 갑자기 죽는 바람에 저의 사랑은 이루어지지 못했습니다.

오진실 변호사　아픈 과거를 이야기해서 미안합니다. 그런데 이후 증인께서는 첩은 아니지만 이미 한 번 결혼한 남자와 결혼했습니다. 당시 신여성들이 '제2부인'이 아닌 경우 후처로 가는 경우가 있었습니다만, 그 이유가 있었습니까?

나혜석　네. 솔직히 말씀드려 결혼할 남자들이 없었습니다. 조혼으로 인해 나처럼 공부하느라고 시간을 보낸 여성들은 결혼하기가 힘들었습니다. 남의 가정을 깨뜨리는 것은 문제가 되지만 사람이 인간으로 살기 위해서는 사랑도 해야 합니다. 사랑이 문제였지요.

오진실 변호사　맞습니다. 나혜석은 자신의 삶을 치열하게 살았던 여성입니다. 그녀가 뭔가를 원해서 후처가 되었던 것은 아닙니다. 남편은 어떤 사람이었습니까?

나혜석　변호사였던 김우영이었습니다. 금방 사랑에 빠진 것은 아니고 저희 둘은 6년간의 연애를 거친 후 혼인했습니다. 당시 김우영은 상처한 상태였습니다.

오진실 변호사　두 사람은 자신들이 혼인한다는 사실을 신문 광고에 낼 정도로 파격적이었습니다. 증인께서 혼인하면서 내걸었던 조건이 굉장히 유명한데 그 내용이 무엇이었습니까?

나혜석 　나에게는 절실한 문제였습니다. 이 문제를 해결해야만 인간으로 살아갈 수 있다고 생각했습니다. 또한 나의 사랑에 대한 확신이 있었기 때문에 남편 김우영에게 세 가지를 약속받았습니다.

첫째, 일생을 두고 지금과 같이 나를 사랑해 주시오.

둘째, 그림 그리는 것을 방해하지 마시오.

셋째, 시어머니와 전실(전처) 딸과는 별거케 하여 주시오.

—이상경, 『나는 인간으로 살고 싶다』, 한길사, 2009, 166~167쪽.

오진실 변호사 　참 놀라운 이야기입니다.

나혜석 　나는 시대를 한참이나 앞서 나갔던 신여성입니다. 내가 내건 조건은 사실 1980년대 이후에야 사람들이 이야기하기 시작한 것입니다. 나를 비롯한 신여성들이 스스로 자신들의 권리를 높이려 하고 있었다는 것을 알 수 있습니다.

김딴지 변호사 　그렇게 말씀하시면 안 됩니다. 당시 신여성들이 자신의 권리를 주장할 때 구여성들은 눈물을 흘리고 있었습니다.

판사 　자자, 잠시 쉬었다가 원고 측 입장도 더 들어 봐야 할 것 같습니다.

2

부인은 될 수 있으나 사랑은 못 받는 구여성?

김딴지 변호사   피고 신문물이 원고의 삶을 왜곡했다는 점에 대해서는 앞서 간략하게 언급하기는 했지만, 이제부터 가장 중요한 문제를 진술하고자 합니다. 피고는 원고 구효부에게 배우지 못한 여성이라고 몰아세웠습니다. 심지어 구여성들에게 "글을 읽어 세상 돌아가는 이치를 깨달으라"고 훈계했습니다. 참 어이가 없습니다. 배운 사람과 못 배운 사람의 차이가 무엇입니까? 사람의 기본 도리를 모르고 남의 가정이나 망가뜨리는 신여성들이 되레 원고가 "무식하여 말이 통하지 않는다"고 큰소리쳤습니다. 피고는 이제 사실을 이야기해야 합니다.

오진실 변호사   뭐가 사실이란 말입니까? 원고 구효부가 학교 공부를 하지 못한 것이 사실 아닙니까? 남편 이현빈은 대학까지 졸업한 엘리트인데 부인은 아무것도 몰라 대화가 통하지 않는다는 것이 사실이 아닙니까? 생각해 보세요. 어떻게 이 두 사람 사이에 대화가 가능하겠습니까? 사람은 서로 끊임없이 자신의 이야기를 주고받을 수 있는 관계가 되어야 원만한 가정을 이룰 수 있는 것입니다. 사랑 없는 결혼 생활이 무슨 의미가 있습니까? 두 사람은 한동안 같이 살지도 않았습니다. 원고는 남편이 무엇을 좋아하는지, 어떤 꿈이 있는지 알고나 있습니까?

첫째 날 재판 이후로 침묵을 지키며 조용히 재판을 지켜보던 원고 구효부가 자리에서 일어나 말문을 열었다.

구효부   남편은 나에게 한 번도 본인 이야기를 한 적이 없습니다. 그는 혼례식을 치르고 나서 일주일 정도 지나 바로 일본으로 유학을 가 버렸습니다. 나는 낯선 시집에서 남편만을 기다리며 어른들을 봉양하며 지냈습니다. 방학이 되어 돌아온 남편은 인사만 하고는 자신이 따로 구해 놓은 집으로 가 지냈습니다. 집안 어른들도 이 문제에 대해 별로 고민하지 않았습니다. 시할아버지도 시아버지도 모두들 첩을 두고 있는 상태였기 때문이죠.
판사   지금 원고의 이야기를 들으니 이해할 수가 없군요. 결혼 생활이 그 지경인데 이혼할 마음은 없었습니까?
구효부   이혼은 한 번도 생각해 본 적이 없었습니다. 그저 그렇게 가정을 지키는 것이 여성의 도리라고 여겼으니까요. 남편과 대화를

나누지는 않았지만 이 자체가 사랑이라고 생각했습니다.

오진실 변호사 사랑, 사랑이라고요? 남편은 다른 여성을 사랑하고 있습니다. 이혼해 주어야 하는 것이 아닐까요?

구효부 이혼, 절대 안 됩니다. 나도 많이 보았습니다. 나의 할아버지도 아버지도 첩을 두었으니까요. 그러나 모두들 가정은 깨뜨리지 않았습니다. 언젠가 가정으로 돌아올 것이라 믿고 있습니다.

판사 당시 이혼율은 얼마나 되었습니까? 구여성의 경우, 신여성의 문제로 이혼하는 경우가 많았습니까?

오진실 변호사　　1929년 당시 부부의 이혼은 총 8021건으로 연령별로 살펴보면 25세에서 30세 사이에 있는 부부의 이혼율이 전체 이혼 수의 12.5%인 1001건으로 가장 높았습니다. 신여성과 관련이 매우 높다고 볼 수 있습니다.

판사　　구여성들은 이혼에 적극적으로 찬성했습니까?

김딴지 변호사　　아닙니다. 구여성들은 인간적으로 매우 비참했습니다. 조혼을 했기 때문에 세상 돌아가는 것을 익힐 기회가 없었습니다. 따라서 이 모든 것을 구여성의 책임으로 돌리는 것은 너무 잔인한 처사입니다. 신여성은 사실 말이 신여성이지 흉내만 내는 입장 아닙니까?

오진실 변호사　　무슨 말씀이세요? 사람은 누구나 당당하게 살고자 하는 것이 인지상정입니다. 당시 신여성들이 받은 교육 자체가 현실과 잘 맞지 않아 쓸모없이 되는 경우가 많았습니다. 또한 사회에서는 여성들에게 여전히 순결과 정조를 강요했습니다. 남성들이 첩을 두는 것은 인정하면서 여성들에게만 정조 관념을 강조하는 것이죠. 이게 말이 됩니까? 사랑은 혼자서 할 수 없습니다.

김딴지 변호사　　네. 중요한 말씀을 하셨습니다. 여성에게 순결과 정조 관념이 가장 중요한 것이 아닙니까? 순결하지 않은 사람이 어찌 한 가정의 어머니가 될 수 있습니까?

오진실 변호사　　김딴지 변호사는 아직도 순결 타령입니까? 순결 좋지요. 그렇다면 남녀를 구분하지 않고 지켜야지, 왜 여성에게만 강요합니까? 특히 신여성들이 "사치와 허영에 들뜬 나머지 다이아몬

드 혼인 반지에 동해안 신혼여행, 어쭙잖은 문화 생활을 꿈꾸다 첩이 된다"고 비판합니다. 이렇게 되는 가장 큰 이유가 무엇입니까? 그 상대방인 남성에게 그 질문을 던져야 되는 것 아닙니까?

김딴지 변호사　네, 그렇습니다. 구여성들에게 그렇게 살지 말고 매일 독립하라고 외치는 신여성들이 정작 자신의 삶은 그렇게 남성에게 경제적으로 의지했지요.

오진실 변호사　당시 신여성들도 힘들었습니다. 사랑에 빠져 모든 것을 인내하고 살려고 했지만 남성에게 버림받는 경우도 많았습니다. 1920년대 나혜석은 외교관인 남편을 따라 유럽 여행을 떠났다가 잠시 최린과 만났습니다. 이 일로 남편 김우영으로부터 이혼을 당하게 되었습니다. 지금이야 유명 탤런트나 배우들이 이혼할 때 공개적으로 발표하는 것이 자연스럽지만 1930년대에는 대단한 일이었습니다. 나혜석은 이혼 당한 후 『삼천리』라는 잡지에 〈이혼 고백서〉를 발표했습니다.

판사　〈이혼 고백서〉의 반응이 대단했을 것 같습니다만 어떠했습니까?

오진실 변호사　대단했지요. 특히 구여성들은 이때가 기회다 싶어 비난했지요.

김딴지 변호사　대단합니다. 아니 자기가 이혼 당했으면 당했지, 그 이유를 잡지에 연재하다니요. 신여성들 참 무섭습니다. 판사님, 그리고 방청객 여러분, 잘 들어 주십시오. 한참 듣다 보니 신여성도 구여

최린
3·1운동 때 민족 대표 33인의 한 사람. 3·1운동에 참가했으나 이후 변절해 1945년까지 친일 행각으로 일관했지요.

『삼천리』
시인 김동환이 1929년에 창간한 종합 월간지로 당대 뛰어난 문필가와 유명 인사의 글들이 실려 있어 인물 연구 자료로서 가치가 클 뿐 아니라 당시 생활상과 사회상을 연구하는 데 더없이 소중한 자료입니다.

성과 비슷한 문제로 고민하고 있습니다. 결국 남편한테 버림받으면 신여성도 별 볼일 없다는 이야기입니다. 그런데 왜 남의 가정에 문제를 일으키는 것입니까?

오진실 변호사 　신여성들은 이혼을 쉽게 한다고 욕을 먹었습니다만, 그것은 잘 모르고 하는 말입니다. 원래 부부가 그런 것이 아니겠습니까? 남남끼리 모여서 살지만 정 의사가 맞지 않으면 이혼해야 되지 않습니까? 괜히 과거의 인습, 도덕 때문에 힘들게 지내면 서로에게 더 큰 불행이 될 수도 있습니다.

판사   원고, 구여성의 입장에서 볼 때 신여성이 어떻게 보입니까?

원고의 심정이 궁금한 듯 판사가 직접 원고 구효부에게 물었다.

구효부   아무리 최신식이라 하더라도 원래 여성은 여성다워야 한다고 생각합니다. 여성은 여성으로서의 타고난 품성과 미덕을 지키고 수줍게 얼굴을 붉히고 부끄러워하는 태도가 필요합니다.

오진실 변호사   원고는 참 시대에 뒤떨어진 생각을 가지고 있군요. 사회에 진출한 바에는 자신의 능력으로 평가받아야 합니다.

구효부   흠……. 신여성들이 자신의 능력을 인정받으려 하지만 우선 체력이 너무 약했습니다. 장작개비 같은 체격으로 무슨 일을 할 수 있겠습니까?

오진실 변호사   날씬한 몸매가 아름답지 않나요? 원고는 자신의 몸 관리조차 제대로 하지 않았습니다. 한번 보세요. 건강이 염려될 정도로 뚱뚱합니다. 자기 몸도 관리하지 못하는데 어찌 남편에게 사랑을 받을 수 있겠습니까?

김딴지 변호사   이의 있습니다. 피고 측 변호인은 지금 원고를 모욕하는 발언을 하고 있습니다!

판사   인정합니다. 몸매 기준은 개인적인 판단이라 생각되므로 기록에서 삭제해 주고, 오진실 변호인은 주의하시기 바랍니다.

오진실 변호사   죄송합니다. 주의하겠습니다.

구효부   나는 시부모 모시고, 아이 기른다고 잠시도 쉬지 않고 일을 했습니다. 솔직히 살찔 여유가 없을 정도로 바빴습니다. 그리고 나는 누구보다 건강합니다. 사람이란 몸도 건강해야 하고, 마음도 건강해야 합니다. 신문물은 겉은 아름다워 보여도 속은 시커먼 여성입니다. 이미 임자가 있는 남자를 사랑하다니요. 양산 들고 남자 앞에서 살랑거리며 걸어가면 다 신여성입니까?

오진실 변호사　　말씀이 지나칩니다. 속이 시커먼 여성이라니요? 인신공격을 하지 마세요.

김딴지 변호사　　인신공격이 아니라 사실을 이야기하는 것입니다. 신여성은 구여성이 남편에게 사랑받지 못하는 이유를 모두 구여성에게 돌렸습니다. 배웠다는 이들이 자기들의 능력을 다른 이의 남편과 사랑을 나누는 데 쓰면서 그 탓을 구여성들에게 돌리다니…… 정말 이해가 잘 안 됩니다. 1936년 2월 1일, 『삼천리』라는 잡지를 보면 신여성과 구여성 간의 좌담회 풍경을 싣고 있습니다. 이 좌담회에서는 신여성들과 구여성들은 자신의 입장을 명확하게 밝히고 있습니다. 잠시 회담 내용을 말씀드리겠습니다. 여러 가지 이야기 가운데 구여성이 남편에게 사랑받지 못하는 이유를 공방하는 부분이 있어 읽어 보겠습니다.

　　신여성 : 조선의 구여성들이 감옥 같은 규중에서 태고 적 꿈속에
　　　　　지내 왔으니 걸음걸인들 신여성들과 같이 활발할 수가
　　　　　있으며 말솜씨와 어조가 명랑한 품이라든지 여성미를 한
　　　　　층 더 돋우는 청초한 태도가 없으니 족히 그 남편으로 하

여금 아내에 대한 애정이 식어 감으로써 구박을 받고 마침내 이혼을 당하게 되는 것이라든지, 또는 그 남편이 가정에 대한 취미가 없어져서 마침내 외도에 타락하도록 하는 수가 많다고 생각합니다.

구여성 : 나는 구여성이오. 지금 신여성 측에서 하시는 말씀은 너무도 소견이 없고 따라서 하나만 알고 둘은 모르는 말씀인가 하오. 그야 사교성이 있는 의복 제도라든가 명모호치(明眸皓齒)를 가지고 생긋생긋 웃는 웃음의 마력이라든가 동두철신(銅頭鐵身)이라도 녹여 낼 만한 애교가 많은 신여성은 현대 남성들에게 총애를 받고 환심을 사게 하는 비겁한 아첨 수단인지도 모르나, 그러나 유혹 때문에 일어나는 사회적 풍파가 있으니 그것은 장래가 유망한 청년 자제들을 타락하게 하는 장본이 되는 것이고, 신여성 측에서 말하는 가정 풍파란 것 역시 그대들 같은 여성의 유혹으로 말미암아 봄바람이 부는 가정에다가 눈보라치는 폭풍을 일게 하는 수가 없다고는 못할 것입니다.

—신불출, 「신구 여성 좌담회 풍경」,
『삼천리』 제8권 제2호, 1936년 2월 1일.

명모호치
눈동자가 맑고 이가 희다는 뜻으로 미인을 말하는 것입니다.

동두철신
성질이 모질고 질기며 거만한 사람을 비유하는 말입니다.

장본
어떤 일이 크게 벌어지게 되는 근본이라는 말입니다.

오진실 변호사　신여성의 유혹으로 가정이 깨진다는 것은 신여성

에 대한 치명적인 모욕입니다.

김딴지 변호사 그렇지 않습니다. 신여성은 남자를 유혹하기 위해 몸치장에만 투자를 합니다. 화장품 가격보다 쌀 한 되에 얼마를 하는지 정도는 먼저 알아야 합니다. 연애소설 읽는 것보다 신문 기사를 보아야 합니다. 문화 주택에서 피아노를 치는 꿈에서 깨어나 현실생활을 들여다보고 동시에 자녀들을 위하여 세상을 똑바로 보도록 자기 자신을 가다듬어야 합니다.

오진실 변호사 김딴지 변호사님, 그렇게 막연한 구여성 이야기 말고 실제적인 구여성 이야기를 해 보세요. 대체 그녀들 모두가 남편으로부터 버림당했던가요?

김딴지 변호사   판사님, 당시 구여성의 심정을 누구보다 잘 알고 있었던 증인을 신청합니다. 증인은 다름 아닌 『상록수』를 쓴 심훈 선생님이십니다.

판사   일제 강점기 농촌 운동을 주제로 한 그 『상록수』를 쓴 심훈 선생을 말하는 겁니까? 제가 예전에 학교 다닐 때 읽고 감명 받았던 작품입니다. 지상 세계에서는 중학교 국어 교과서에도 실려 있다고 들었습니다. 그럼 증인은 증인석에 나와 증인 선서를 해 주십시오.

심훈   나 심훈은 진실만을 말할 것이며, 거짓을 말할 경우에는 위증죄로 어떠한 처벌이라도 달게 받겠습니다.

판사   증인 소개를 간단히 부탁드립니다.

심훈   나는 일제 강점기 민족의식을 가지고 소설을 쓴 소설가입니다. 판사님께서 내 작품을 읽으셨다고 하니 고맙습니다. 『상록수』라는 작품은 『동아일보』 창간 15주년을 기념하는 장편 소설 공모에서 1등으로 당선된 작품입니다. 그리고 나는 3 · 1운동에 참가하였다가 복역하였으며, 상하이(上海)로 건너가 망명 생활을 하였지요. 나는 대중적이며 계몽적인 소설을 많이 썼습니다. 내 소개는 이쯤 하기로 하겠습니다. 내가 오늘 여기 나온 것은 내 작

복역
여기서는 감옥살이를 했다는 말입니다.

망명
혁명 또는 그 밖의 정치적인 이유로 자기 나라에서 박해를 받거나 위협을 느껴 외국으로 몸을 옮기는 것입니다.

당진군에 있는 심훈문학관. 내부에는 상록수 심훈 선생에 관한 각종자료가 전시되어 있습니다.

품 중에 구여성을 소재로 한 『직녀성』이라는 장편 소설이 있습니다. 이 작품은 소설이지만 나의 경험이 상당히 들어 있습니다. 사실 나는 왕족 여성인 구여성과 결혼하였다가 이혼하고 신여성과 결혼했습니다.

판사　오, 그런 사연이 있으시군요. 김딴지 변호사, 증인 신문을 해 주십시오.

김딴지 변호사　증인은 구여성과 결혼했습니다. 왜 신여성과 결혼하지 않고 구여성과 결혼하셨습니까?

심훈　나는 고등교육을 받았고, 신여성들과 같이 활동을 많이 했습니다. 그러나 당시의 결혼은 본인은 상관없이 집안끼리 의논하여 하는 경우가 많았습니다. 나도 마찬가지였습니다. 내가 지금 생각해 보면 첫 번째 아내에게 미안한 점이 많습니다. 그녀는 착하고 성실한 배우자였습니다. 다만 내가 사회 참여의식이 강하여 집 안에 머물러 있기가 어려웠습니다.

김딴지 변호사　선생님은 겨우 열여섯 살에 결혼했습니다. 왜 그렇게 일찍 결혼했습니까?

심훈　조혼 풍습 때문이었습니다. 열네 살에 경성 제일 고등 보통학교에 입학했으니 고등학생 때 결혼을 한 것입니다. 내가 사랑했던 사람도 아니었고, 한 사람을 책임질 만한 능력은 물론 생각도 전혀해 보지 못한 상태였지요.

김딴지 변호사　결혼한 후 2년 만에 감옥에 가셨지요?

심훈　그렇습니다. 1919년 3 · 1운동 때 투옥되었다가 집행유예로

석방된 뒤 학교에서 퇴학당했습니다. 이어 1920년부터 3년간 중국에서 망명 생활을 했지요. 중국 베이징, 상하이, 난징에서 활동하다 항저우의 저장 대학에 입학하여 공부를 계속했습니다. 이후 귀국하여 문학 활동과 동아일보사에 입사하는 등 나 혼자만의 삶을 살았습니다. 희한하게도 그때까지 아내는 혼자 가정을 계속 지켜 주었습니다. 내가 없는 가정을 말입니다. 지금 생각해도 미안하기만 합니다.

김딴지 변호사　　선생님이 이혼을 요구했습니까?

심훈　　네. 내가 이혼을 요구했습니다. 사회생활을 하는 동안 많은 신여성들을 만났습니다. 자유롭게 이야기할 수 있는 그녀들이 마음에 들었습니다. 그래서 당시에는 아내가 혼자서 오랫동안 시부모 모시고 가정을 지킨 것을 고마워하지 않았습니다.

김딴지 변호사　그런데 왜 구여성을 주제로 한 『직녀성』을 썼습니까?

심훈　구여성의 아픔을 잘 알고 있기 때문입니다. 구효부의 심정을 이해할 수 있을 것 같군요.

오진실 변호사　판사님, 사람은 밥만 먹고 살 수 없습니다. 사랑을 해야 합니다. 사랑하는 사람과 미래를 이야기하고, 현재를 가꾸어 나가야 합니다. 그러나 남편 이현빈은 아내 구효부와 미래를 이야기할 수 없었습니다. 남편이 함께 현재를 가꾸고 미래를 이야기하고 싶은 사람은 바로 피고인 신문물이었습니다. 사람의 감정은 법으로도 어떻게 할 수 없는 것입니다. 여기서 남편 이현빈과 같은 입장이었던 사람을 증인으로 신청합니다. 그는 바로 윤심덕과 현해탄에 몸을 던졌던 김우진입니다.

판사　네. 증인 나오세요. 증인은 증인석에 나와 증인 선서를 해 주십시오.

　　윤심덕과 함께 현해탄에 몸을 던진 김우진이 증인으로 법정에 몸을 드러냈다. 그의 수려한 용모에 방청석에 앉아 있던 여성들의 눈빛이 빛나고 감탄의 소리가 여기저기서 터져 나왔다.

김우진　　나 김우진은 진실만을 말할 것을 선서합니다.

판사　　증인 소개를 부탁드립니다.

김우진　　나는 1897년 9월 전라도 장성 관아에서 태어났습니다. 아버지가 장성 군수를 지낸 명문가 집안으로 10남매 가운데 맏이였습니다. 그러니 나에 대한 아버님의 기대가 매우 컸습니다. 아버지로부터 한학을 배운 다음 일본으로 유학을 갔습니다. 처음에는 농업학교를 다니다가 영문학을 전공했습니다. 인연이 있었든지 윤심덕과 같은 해 유학을 가게 된 것이죠. 물론 그때부터 윤심덕에게 애정을 느낀 건 아니었습니다.

오진실 변호사　　증인은 일본으로 유학 가기 전 결혼했습니까?

김우진　　아닙니다. 1915년 열여덟 살의 나이로 유학을 갔습니다. 다음해 아버지의 명으로 잠시 귀국해 결혼을 하게 되었습니다. 물론 나는 그 여인을 한 번도 만난 적이 없었습니다. 아내 정점효는 나보다 세 살 아래로 전남 곡성 출신의 유학자인 정운남 선생의 딸이었습니다.

오진실 변호사　　처음부터 아내가 마음에 들지 않았습니까?

김우진　　마음에 들고 안 들고의 문제가 아니었습니다. 부부는 서로 사랑이라는 끈으로 연결되어야 하는데 나는 아버지가 두려워 아내와 함께 살았습니다. 다만 아내를 동정했습니다. 미안함도 있었습니다.

오진실 변호사　　그럼 유학 생활을 하는 동안 윤심덕을 만난 것입니까?

김우진　　아닙니다. 나는 일본에서 다른 사람을 사랑했습니다. 일본

동우회

일정한 목적 아래 뜻과 취미가 같은 사람끼리 모여서 만든 모임을 뜻하는 말로, '동호회'와 비슷한 말이지요.

간호사와 사랑에 빠졌습니다. 그러나 그녀는 병으로 일찍 세상을 떠나 버렸습니다. 나의 속마음을 드러낼 공간이 없었습니다. 그래도 공부를 계속하는 내내 식민지인 내 나라 조선에 대한 생각을 많이 했습니다. 윤심덕은 내가 동우회 순회극단을 이끌 때 만났습니다. 처음부터 그녀에게 호감을 가진 것은 아니었습니다. 그녀가 적극적이었습니다.

오진실 변호사   부인과는 이혼한 상태였습니까?

김우진   아닙니다. 나는 와세다 대학 영문과에 진학하여 공부를 하고 있었습니다. 윤심덕과는 조선에서 교류가 있었습니다. 당시는 그녀에게 매혹당한 것은 아니었습니다. 편지를 몇 번 주고받다가 윤심덕이 나의 집에서 열린 가정음악회에서 노래를 부른 적이 있었습니다. 그녀가 자신의 일에 최선을 다하는 모습에 그만 나도 모르게 빠져들게 되었습니다.

오진실 변호사   아내와 이혼하고 윤심덕과 결혼할 생각이었습니까?

김우진   흠…… 생각은 그랬습니다만 나는 아버지로부터 벗어날 수가 없었습니다. 방법은 한 가지밖에 없었습니다. 독일로 유학 가 새로운 세상에서 사랑하는 사람과 같이 살고 싶었습니다. 그러나 독일로 갈 형편이 되지 못해 현해탄 바다로 뛰어들어 우리의 삶을 마감했습니다. 아마 내가 용기를 내었다면 어떻게 되었을지 나도 궁금합니다.

김딴지 변호사   멀쩡히 가정이 있는 남자가 다른 여성이랑 생을 마감했습니다. 남아 있는 가족을 생각해 보셨습니까? 아내와 자식은

어떻게 살아야 합니까? 결혼은 무한한 책임이 있습니다. 너무 쉽게 책임을 벗어던진 것 아닙니까?

김우진 　그런 면도 있습니다. 아내에게도 미안하고, 윤심덕에게도 미안합니다. 아마도 내가 사랑하는 사람을 만나 결혼할 수 있었다면 달라졌을 겁니다. 여러분은 꼭 사랑하는 사람을 만나길 바랍니다.

오진실 변호사 　네, 맞습니다. 증인인 윤심덕과 김우진처럼 당시 피고 신문물과 이현빈은 서로 사랑했습니다. 원고 구효부는 남편 이현빈을 놓아주어야 마땅했습니다.

김딴지 변호사　　너무나 어이가 없습니다. 가정이 있는 남성이 딴 여성을 사랑하다니요. 그는 바람쟁이에 불과합니다.

판사　　당시 원고와 같이 남편에게 버림받는 경우가 또 있었습니까?

오진실 변호사　　구여성을 버린다기보다 자신에게 맞는 여성을 찾아 혼인하는 경우가 있었습니다. 아내라고 하지만 얼굴은 마주한 적도 몇 번 없습니다. 부모의 강요로 아주 어린 나이에 혼인하여 부부의 정도 몰랐습니다. 다만 배울 시기에 공부를 하다가 공부가 끝나 갈 즈음 의견이 맞는 여성을 만났을 뿐입니다.

판사　　신문물과 이현빈 사이에는 법적으로는 문제가 있습니다. 구효부 부부의 이혼 절차가 제대로 이루어지지 않은 상태인 것은 사실이죠?

오진실 변호사　　네. 피고 신문물은 원고의 남편 이현빈이 이혼하기를 기다리고 있었습니다. 그런데 구효부가 이혼만은 말아 달라고 사정하는 바람에 이 지경까지 되었습니다. 피고 측은 원고 부부의 이혼을 원합니다.

판사　　잘못은 피고 측에 있는데 어떻게 이혼을 요구합니까?

김딴지 변호사　　맞습니다. 원고 남편 이현빈도 당시 유행처럼 번지던 '사랑병'에 불과했습니다. 원고가 든든히 가정을 지켜 주는 것을 그도 언젠가 고마워할 것입니다.

판사　　그런데 원고는 왜 이혼하지 않으려 합니까? 오히려 사랑하는 사람을 새롭게 만나는 것이 더 행복하지 않겠습니까?

김딴지 변호사　　일제 강점기 여성의 이혼은 구여성에게 죽음과도

　　왜 신여성은 구여성과 다른 삶을 살았을까?

같았습니다. 유교적 질서가 강하게 남아 있어 친정에서도 시집가면 시집 귀신이 되어야 한다고 여겨 이혼하더라도 잘 받아 주지 않았습니다. 가정에서 버림받은 여성이 갈 곳이 전혀 없는 형편이었습니다. 원고 구효부는 이씨 집안을 위해 그동안 최선을 다한 것은 모두 남편을 사랑하기 때문에 가능한 것이었습니다. 원고 구효부의 사랑을 알아주십시오.

오진실 변호사 사랑, 사랑이라고 자꾸 말씀하시는데, 서로 의사 전달조차 어려운 상황에서 무슨 사랑의 감정이 있다는 겁니까?

판사 원고 측 주장대로 구효부와 이현빈은 정식으로 혼인한 사이였습니다. 피고가 원고 측 남편과 사랑하는 사이라고 하지만 사회적으로 허용된 관계는 아닙니다. 그러나 피고 신문물과 이현빈이 서로 사랑하는 사이라고 계속 주장하는 것을 확인했습니다. 이 부분은 최종 판결에 반영될 것입니다. 그럼 잠시 휴정한 후에 원고와 피고 두 사람의 최후 진술을 듣는 것으로 이 재판을 마무리했으면 합니다. 세 번째 날 재판을 마치겠습니다.

정조란 무엇인가?

일제 강점기에 결혼을 둘러싼 여성들의 인식의 변화가 나타났습니다. 특히 여성은 자유혼의 필요성과 조혼의 금지를 주장했지요. 남녀 간의 개인 의사가 무시된 강제 결혼의 폐단은 가정 불화뿐만 아니라 자살, 정사, 도망, 남편 살해 등으로 여성 범죄의 증가로 나타났습니다. 당시 신문이나 여성 잡지에는 연애와 결혼, 이혼, 독신을 둘러싼 가정생활이 적극 소개되었습니다.

나혜석은 여성에게 정조를 요구하려면 남성 자신도 정조를 지킬 것이며, 남성 자신이 방종하려면 여성에게도 똑같은 자유를 주어야 한다고 주장했습니다. 남성들이 첩을 두고 향락을 즐기는 한편 여성들은 자신이 본처이든 첩이든 남성들의 그런 행태에 의해 고통 받고 있음을 직접 보았고, 그 모순을 뼈저리게 느꼈습니다. 나혜석은 한 걸음 더 나아가 정조란 누가 누구에게 강요할 수 없는 '취미'라는 주장을 폈습니다.

정조는 도덕도 법률도 아무것도 아니요, 오직 취미다. 밥 먹고 싶을 때 밥 먹고, 떡 먹고 싶을 때 떡 먹는 것과 같이 임의 용지(용기와 지혜)로 할 것이요, 결코 마음의 구속을 받을 것이 아니다.

취미는 일종의 신비성이니 악을 선으로 해석할 수도 있고 추(醜)를 소(笑)로 화할 수도 있어 비록 외형의 어느 구속을 받는 한이 있더라도 마음만은 자유자재로 움직일 수 있나니, 거기에는 아무 고통도 없고 신산(세상살이가 힘들고 고생스러움)이 없이 오직 희열과 만족뿐이 있을 것이니, 즉 객관이 아니요 주관이요, 무의식이어서 마음에 예술적 정취를 깨닫고 행동이 예술화 되는 것이다.

(중략)

왕왕 우리는 이 정조를 고수하기 위하여 나오는 웃음을 참고 끓는 피를 누르고 하고 싶은 말을 다 못 한다. 이 어이한 모순이냐. 그러므로 우리 해방은 정조의 해방부터 할 것이니, 좀 더 정조가 극도로 문란해 가지고 다시 정조를 고수하는 자가 있어야 한다.

― 나혜석, 「신생활에 들면서」, 『삼천리』 제7권 제1호, 1935

휴정 인터뷰

다알지 기자

저는 지금 한국사법정에 나와 있는 다알지 기자입니다. 방금 원고 구효부와 피고 신문물의 재판이 모두 끝났다는 소식이 들어왔습니다. 오늘 재판에서는 신문물이 자신의 사랑을 위해 구효부에게 남편과의 이혼을 요구하여 큰 문제가 되었습니다. 구효부는 정상적인 혼인을 통해 남편 이현빈을 만나 행복한 가정을 이루었다고 주장합니다. 이 모든 것이 부부간의 신의와 사랑이라고 주장했습니다. 이에 대해 신문물은 사랑 없는 혼인은 지속할 필요가 없다고 주장하면서 구효부 부부의 이혼을 강력히 요구하여 비난을 사고 있습니다. 오늘은 재판에 증인으로 나온 심훈과 나혜석 두 분을 모시고 이야기를 들어 볼까 합니다. 먼저 소설가 심훈 선생과 이야기를 나눠 보겠습니다. 이번 재판의 증인으로 서신 기분이 어떠셨습니까?

심훈

　나는 구효부의 가정을 지키려는 마음과 인내에 대해 찬사를 보내고 싶습니다. 나도 남자이지만 조선의 여성들은 참 대단합니다. 온갖 어려움을 다 겪으면서도 어떻게 해서든지 가정을 지키고 자식을 위해 헌신했습니다. 내가 쓴 『직녀성』에 나오는 주인공인 이인숙과 구효부는 같은 점이 참 많습니다. 구효부는 남편이 일본으로 유학 가 있는 동안 하루도 게으름을 피우지 않고 어른들을 잘 봉양하고 자식을 기르면서 가정을 지켰습니다. 그러나 남편이 유학에서 돌아오자마자 새로운 신여성과 사랑에 빠져 구효부를 버리고자 했습니다. 구효부가 자신에게 욕심을 냈다면 이씨 집안은 벌써 파산했을 것입니다. 그러나 아쉬운 점은 내 소설 속의 주인공처럼 구효부 자신이 스스로 살아갈 힘이 없다는 것입니다. 조선 여성들도 사회적인 압력에서 벗어나 자신의 삶을 개척할 수 있는 힘을 길러야 합니다. 자신의 삶은 자신의 것입니다. 그 누구에게도 의지해서는 안 되는 것이란 말입니다.

나혜석

나는 1920년대 이미 유럽 여행을 갔다 온 신여성입니다. 신여성들이 어려운 조건 속에서도 일본이나 유럽으로 가서 많은 공부를 하고 왔습니다. 그러나 현실에 적응할 때는 법을 지키는 테두리 안에서 행동해야 합니다. 다른 가정을 망가뜨리는 일을 신여성이라고 해서 용서되는 것은 아니라고 생각합니다. 다만 신문물이 배운 것을 제대로 써 먹지 못할까 걱정됩니다. 기회가 좋아 많이 배울 수 있었던 신여성들이 베풀어야 합니다. 그게 배운 사람들의 자세가 아닐까요? 나는 이번 재판에서 어느 편도 아니며, 그저 자신이 배운 것을 다른 사람들에게 베풀어야 한다는 것과, 그래야 사회 발전에 도움이 되는, 배운 사람들이 해야 할 일이라는 것을 알리기 위해 이 자리에 나왔습니다.

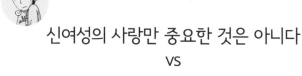

신여성의 사랑만 중요한 것은 아니다
VS
여성도 자신의 삶에 책임을 져야 한다

판사 자, 마지막으로 당사자들의 목소리를 들어 볼까요? 배심원단은 물론이고 제가 작성하게 될 판결문에 마지막으로 큰 영향을 미치게 될 발언이니 양 당사자는 신중히 발언해 주시기 바랍니다. 그럼, 먼저 원고 측부터 변론하세요.

구효부 이번 재판을 통해 나는 구여성들이 배우지 않아 자신의 이야기를 제대로 할 수 없다는 사실에 책임을 크게 느끼기도 합니다. 또한 나를 비롯한 구여성들이 겪었던 모진 세월을 신여성들의 탓으로 돌린 것은, 내가 가졌던 신여성에 대한 질투와 분노 때문이었다는 점도 어느 정도 인정합니다. 하지만 같은 여성의 입장에서 신여성들은 구여성을 무시하고 우리의 실체를 거부하고자 했습니다. 구여성이나 신여성 모두 일제의 식민지 상황에 처했던 백성에 불과합니다. 서로에게 적대감을 가질 것이 아니라 배운 신여성은 우리 같은 구여성을 깨우쳐 식민지에서 벗어나려 같이 노력했어야 합니다.

결과적으로 구여성과 신여성의 갈등으로만 역사적으로 비추어져 전체 여성에 대한 역사 왜곡으로 나타났습니다. 무엇보다 신여성들은 나와 같은 여성들을 밥이나 하면서 남편 등 뒤에서 살아가는 부속 인물로 몰아세우는 데 급급하여 역사 속에서 배우지 못한 무식한 여성으로 만들어 버렸습니다. 하지만 조선이 35년이라는 긴 식민지 통치에서 벗어날 수 있었던 것은 나와 같은 구여성들의 힘이 컸다고 생각합니다. 구여성들의 희생을 통해 남성들이 외국 유학까지 가서 공부를 할 수 있었습니다. 그들이 돌아와 사회를 변화시키려고 노력한 결과 식민지에서 벗어날 수 있었다고 생각합니다.

존경하는 판사님, 부디 지금이라도 구여성들이 자신들이 살기 위해서 사랑하지 않는 사람을 억지로 붙들고 놓아주지 않았다는 왜곡된 인식을 바로잡을 수 있도록 신문물과 그의 주변 신여성들에게 이 재판을 계기로 반성할 수 있는 기회를 주시기 바랍니다.

신문물 우선 나와 일부 신여성들이 자신의 사랑을 차지하기 위해 구여성에 대해 비난하고 훈계한 점에 대해서는 부끄럽게 여기는 점도 있습니다. 하지만 구여성들이 스스로 자신의 삶에 대해 책임을 질 수 있도록 노력하지 않고, 남성에게 의지하여 살아가려는 자세는 바꾸어야 한다고 생각합니다. 여성이든 남성이든 누구든지 배워야 합니다. 역사는 문자를 아는 사람들의 역사입니다. 글을 모르고는

왜 신여성은 구여성과 다른 삶을 살았을까?

복잡한 세상을 살아가기가 어렵습니다. 남편 뒷바라지에 아이 양육까지 힘든 것 다 압니다. 그러나 구여성들은 자신을 위해 투자를 해야 합니다. 스스로가 역사의 주체라는 사실을 인식해야 합니다.

신여성들이 그냥 단발머리에 양장, 뾰족구두만 신고 다니는 사람이 아닙니다. 어려운 환경 속에서도 치열하게 공부를 한다는 것이, 여성으로 외국까지 가서 공부하는 것이 쉬운 일이 아닙니다. 그 어려운 공부를 사치와 허영만 부리려고 한 것으로 몰아버리면 너무 억울하지 않겠습니까. 결코 그렇지 않습니다. 현실적으로 식민지 상황 속에서 사회가 덜 성숙하여 신여성들이 일할 수 있는 공간이 매우 부족했을 뿐입니다. 많은 사람이 신여성들이 겨우 제2부인, 즉 남의 첩이 되기 위해 공부한 것이냐고 비난합니다.

그러나 신여성들은 선진 문물을 조선에 전달하고 나라의 발전을 위해 일했다고 자부합니다. 최초의 여의사, 신문 기자, 간호사 등등 여성들이 사회로 나와 일할 수 있는 기회를 만들어 냈습니다. 아주 일부의 신여성만이 자신을 가꾸고 꾸미는 데 몰두했을 뿐입니다. 원래 신여성들은 사치를 부리지 않았습니다. 자신의 미래의 삶을 위해 공부에 투자한 신지식인이었습니다. 다만 당시 조선 사회가 우리들을 받아들일 준비가 되어 있지 않았을 뿐입니다.

1920년대 이후 경성을 비롯한 일부 지역에서 도시화가 급속하게 진행되었습니다. 한꺼번에 많은 사람이 도시로 몰려들었고, 새로운 근대 도시 문화가 형성되기 시작하면서 여러 가지 사회 문제가 발생했습니다. 그 이유는 근대 문화를 우리 스스로 만든 것이 아니라 일방적으로 받아들여졌기 때문에 더 문제가 되었다고 봅니다.

역사를 움직여 나가는 주체는 남성과 여성 둘 다입니다. 구여성과 신여성의 구별을 떠나 모두가 한 사회의 구성원으로 자신의 일을 하면서 살아가야 합니다. 한 사회의 구성원으로 역할을 하려면 공부를 해야 합니다. 만약 일제 강점기 신여성들이 공부하지 않았다면 지금의 우리 사회도 없었을 것입니다. 35년의 긴 식민 통치에서 벗어날 수 있었던 힘도 역시 교육의 힘이었습니다.

한편 남녀는 평등을 지나 서로 협력해야 합니다. 남녀가 서로 협력하기 위해서는 서로 존중하고 평등해야 합니다. 사회적인 공간에서 남녀의 평등은 가정에서 출발해야 합니다. 아내와 남편이 같은 자리에 서 있어야 합니다. 남녀가 같은 자리에서 출발했던 사람들이 바로 신여성입니다. 그러려면 부지런히 책을 읽고, 더 열심히 공부하여 사회에서 필요한 당당한 일원이 되어야 한다고 생각합니다. 모쪼록 이 모든 것을 편견 없이 바라봐 주시기를 간곡히 부탁드립니다.

판사 여기까지 달려오시느라 원고 측도, 피고 측도, 그리고 배심원단 여러분들도 모두 수고 많으셨습니다. 배심원의 최종 의견서가 4주 후에 저에게 전달될 예정이며 배심원의 의견서를 참고하여 4주 이후에 최종 판결을 내리겠습니다. 그때까지 방청객 분들도 이 사건에 대해 바른 판결을 내려 보시길 바랍니다. 이상 재판을 마치도록 하겠습니다.

땅! 땅! 땅!

역사공화국 한국사법정 재판 번호 55 구효부 vs 신문물

주문

역사공화국 한국사법정은 구효부가 신문물을 상대로 제기한 명예 훼손에 의한 정신적 손해 배상 청구를 인정한다.

판결 이유

원고 구효부는 그동안 역사의 한 축인 여성에 대한 설명이 적어 구 여성에 대한 이해가 거의 없었을뿐더러 일부 구여성에 대해서는 역사 왜곡이 많았다고 주장했다. 또한 신여성에 대해 지나치게 미화하는 부분이 있어 대립적 인물이었던 구효부 자신은 항상 부정적 이미지로만 그려지므로 역사의 진실을 규명하고 명예를 회복하기 위해 소송을 제기하였다. 반면 피고 신문물은 유학을 가서 많이 공부하고, 사회적인 공간에서 여성의 자리를 만들어 낸 것이 자신의 업적이라며, 신여성이 없었다면 지금의 평등한 남녀 관계도 없었을 것이라며 이에 반박했다.

한국 사회에서 일제 강점기에 여성의 삶에 대한 이해가 매우 부족했다. 이 재판을 통해 일제 강점기 조선 사회가 가진 문제점과 어려움 등을 알게 되었다. 일제 식민지 상황 속에서도 사람들은 공부 기회를 만들어 식민지에서 벗어나려고 노력한 점은 인정된다. 그러나 본 재판에서의 증거와 증언, 변론 등을 종합해 볼 때, 신문물이 공식적으로 첩이 아닌 정식적인 혼인을 할 수 있는 상황이 아니라는 것을 알게 되었다. 다만 신여성들이 한 여성으로서 최선을 다해 자신의 삶을 살았다는 것은 확인했다. 그동안 공부를 한 신여성들의 이야기를 통해 구여성들을 바라보았기 때문에 구여성에 대한 이미지가 왜곡될 수밖에 없었다는 사실도 확인했다. 따라서 구효부에게 '글도 읽을 줄 모르는 여성'이라거나 '남편의 사랑도 받지 못하는 아내'라는 오명을 씌우고, 각종 책이나 잡지를 통해 비난한 것이 원고의 명예를 실추시켰다고 판단하는 바이다.

우리 역사상 공부를 많이 한 여성들이 일제 강점기 이후 여성의 사회적 지위를 높이는 데 결정적인 역할을 했다는 사실을 모르는 사람은 거의 없을 것이다. 본 법정 역시 이를 분명히 인지하고 있고, 인정하는 바이다. 이 재판 역시 피고에게 죄를 묻기 위함이 아니라 원고 구효부의 억울함을 풀어 주고 명예를 회복시켜 주고자 함이었다. 그러므로 이 재판을 계기로 원고 구효부를 일방적으로 지지할 것이 아니라, 역사 속에서 가려진 여성의 역사를 되돌아 보고자 한다. 또한 신문물의 입장에서뿐만 아니라 원고의 입장에서도 역사를 바라볼 수 있는 기회가 되길 바라는 바이다.

역사공화국 한국사법정 담당 판사 공정한

"지금이라도 구여성들에게 배움의 길을 열어 주세요"

겨우 재판을 마치고 돌아온 김딴지 변호사는 사무실 소파에 털썩 주저앉았다. 이번 재판은 상당히 힘들었다. 역사 속에서 한국 여성에 대한 이해가 거의 없었기 때문이다. 그나마 다행인 것은 이번 재판으로 일제 강점기에 대한 공부를 다시 할 수 있었던 것과 조선의 여성에 대한 공부를 할 수 있는 계기가 되었다는 점이다. 그동안 그는 정작 인간을 가장 잘 알 수 있다는 법을 공부해 왔지만 세상의 반을 차지하는 여성의 역사에 대해서는 무심했다는 반성이 일었다.

며칠 후 김딴지 변호사는 '한국사 인물 시리즈'를 구입하여 읽기 시작했다. 김딴지 변호사가 역사 인물 공부에 한창이라는 소문이 법조계에 파다하게 퍼졌다. 어느 날 변호사 선배인 나정직 변호사가 찾아왔다.

"자네 갑자기 웬 역사 인물 공부, 어렵지 않은가?"

"어렵긴. 한국 사람으로 한국의 인물을 공부하는 것은 당연한 일이잖아요."

김딴지 변호사는 선배 변호사와 차를 한잔 마시며 얘기를 나눴다.

"이번 구효부 사건을 맡으면서 남성의 시각이 아닌 여성의 시각으로도 사회를 바라볼 수 있어야 한다는 것을 절감했어요. 부끄러운 이야기이지만 오진실 변호사, 역시 대단하더라고요."

"똑똑한 자네가 웬 걱정인가."

"고마워요."

김딴지 변호사 손에는 나혜석의 책이 들려 있었다.

딩동~.

"저, 저는 박사마을에서 왔어요. 당신이 김딴지 변호사인가요?"

"그런데요. 소송 의뢰라면 여기 앉으시지요."

"네."

차림새는 수수하지만 총기가 있어 보이는 여성이었다.

"사실은 이번에 변호사님께서 변론하는 것을 지켜보았어요. 솔직히 말씀드리면 제가 구효부와 같은 입장이에요. 김딴지 변호사께서 구효부를 의뢰인으로만 생각하지 않고, 한 여성으로도 이해하고 계신 것 같아 이렇게 찾아왔습니다. 게다가 최근에 변호사께서 여성의 역사에 대해 열심히 공부한다는 이야기를 듣고 제 사정 이야기를 하고 싶었습니다."

김딴지 변호사는 자세를 고쳐 앉았다. 사건을 의뢰한 그녀가 그동안 얼마나 고통스럽게 살아왔는지 이해하려는 듯 의자를 좀 더 가까이 다가앉았다. 그녀는 그동안 한 번도 자신에 대한 이야기를 한 적이 없는지 얘기 도중 종종 흥분하곤 했다.

"변호사님이 지난번 구효부의 의뢰를 받아 구여성의 어려운 점을 법정에서 열심히 변호하시는 것을 보고 많은 여성이 힘을 내고 있는 것은 알고 계시는지요?"

"네. 소식은 들었습니다."

"지금 역사공화국에서는 많은 구여성이 소송을 준비하고 있습니다."

김딴지 변호사는 크게 놀랐다. 그동안 그늘에 숨어 있던 구여성들이 자기 목소리를 내기 시작한 것이다. 큰 회오리바람이 불 것이 분명했다. 그나저나 구여성들이 자신의 이름은 쓸 수 있는지, 혹 이름조차 쓸 수 없다면 소송을 제기할 수나 있을지 갑자기 머릿속이 번잡스러워졌다.

"죄송하지만 글을 쓸 수 있는지……."

"미안합니다. 저는 글을 배우지 못했습니다."

김딴지 변호사는 순간 당황했다. 그러나 사람이 자신의 권리를 찾겠다는 데 무시할 수는 없는 일이었다.

"김딴지 변호사님께서 구여성에 대해 이해가 높으시니 부끄러운 이야기이지만 저의 억울한 사정도 해결해 주셨으면 합니다. 저는 단지 이혼을 요구하는 것이 아닙니다. 저와 같은 구여성에게도 교육

의 기회를 가질 수 있도록 기회를 달라는 것입니다."

"뭐라고요? 나보고 '구여성들의 교육 기회 확대'에 대한 소송을
맡아 달라고요?"

"네, 그렇습니다. 지금 세상에도 배우지 못한 많은 여성이 있습
니다. 여성이라는 이유로 배움의 기회조차 없습니다. 학교를 갈 수
있도록 조혼 제도를 폐지하고, 남녀에게 평등한 교육의 기회를 확대
시켜 줄 수 있도록 법을 고쳐 주세요."

"예. 저보고 법을 고치라고요. 법을 입안하는 사람은 국회의원이

나 되어야 가능한 일입니다. 제가 어떻게 할 수 있을까요?"

"지금까지 역사는 공부를 많이 한 사람들에 의해 굴러 왔다고 사람들은 말합니다."

"네. 그게 말이 안 됩니다. 일제 강점기는 문맹률이 80%에 이른 사회였습니다."

"사람들은 그 사실을 잘 모릅니다. 신여성들은 자신들이 배웠다는 이유로 그저 구여성들이 게으르고 무능해서 배우지 못했다고 주장합니다. 우리 사회에서 글을 아는 것은 권력으로 나아가는 길입니다. 누구나 배울 수 있는 기회가 주어져야 합니다. 이 일에 김딴지 변호사님이 앞장서 주세요."

학교 교육을 받았는지에 따라 구여성과 신여성으로 나누던 시기가 이미 90년이나 지났다. 지금의 신여성은 스스로 자신이 부족한 부분들을 이해하고 해결하는 여성이 신여성이다. 구여성의 반대편에 서 있는 여성이 아니다. 김딴지 변호사는 결심했다.

"네, 알겠습니다. 그럼 제가 이 사건을 맡겠습니다. 역사의 진실을 밝히고, 역사를 바로잡는 일을 제대로 해 보겠습니다. 지난번 소송처럼 공부가 부족해서 상대방 변호사에게 면박당하거나 하는 일 없이 정말 실력을 갖춘 사람이 되도록 하겠습니다."

"잘 결심하셨습니다. 고맙습니다. 그럼 재판정에서 뵙겠습니다. 변호사님의 멋진 활약을 기대하겠습니다."

경기도 여주의 여성생활사박물관

경기도 여주의 한 오래된 폐교에 가면 '여성생활사박물관'이라는 간판이 걸려 있습니다. 예전에는 강천초등학교 강남분교였지만, 지금은 아이들 수가 줄어 문을 닫은 폐교를 박물관으로 사용하고 있지요. 이곳에 가면 인류 역사의 절반인 여성들의 역사, 여성들의 생활을 들여다볼 수 있습니다.

먼저 본관의 1층에 가면 전통 염색 전시실과 다도 교실을 만날 수 있습니다. 다양하게 물을 들인 옷감을 감상할 수 있고, 다도에 대해 배울 수도 있지요. 그리고 2층으로 올라가면 한복과 여성 용품이 전시되어 있습니다. 옛날 여자들이 입었던 옷들이 시대별로 전시되어 있고, 손때가 묻은 가구와 물레나 베틀과 같이 몸집이 커다란 전시물은 물론, 바느질할 때 손가락을 감싸주던 골무며, 머리를 예쁘게 장식하던 댕기와 같은 크기가 작은 전시물들도 전시관 한쪽을 차지하고 있지요.

박물관을 다 돌아본 뒤에는 황토 염색도 체험할 수 있습니다. 황토, 즉 흙을 이용해서 옷감에 물을 들이

는 것으로 껄쭉한 죽과 같은 황톳물에 흰색 옷감을 넣어 수십 차례 주
무르면 고운 황톳물이 들지요. 황토 염색 체험을 하면서 예전 여성들이
어떻게 옷감에 물을 들이고, 옷을 짓고, 또 생활을 꾸려나갔는지 조금은
짐작해 볼 수 있겠지요.

찾아가기 **주소**　　경기도 여주군 강천면 굴암리 9-3번지 www.womanlife.or.kr
　　　　　관람시간 오전 9시~오후 6시(매주 월요일 휴관)
　　　　　관람료　 성인 5000원(단체 3500원), 어린이 · 학생 2000원(단체 1000원)
　　　　　　　　　　황토 염색 체험 : 10000원
　　　　　문의　　 031) 882-8100

여성들의 생활을 들여다볼 수 있는
박물관 내부

다양하게 물을 들인 옷감

『역사공화국 한국사법정 55 왜 신여성은 구여성과 다른 삶을 살았을까?』와 관련한 논술 문제를 풀어 봅시다.

※ 다음 제시문을 읽고 물음에 답하시오.

(가) 독립군에도 여성들이 많았습니다. 그중 한 사람이 조선 의용군 부녀 대장 이화림입니다. 1905년 평양에서 태어나 25세 때 독립운동에 뜻을 두고 중국으로 갑니다. 그 뒤 상하이 임시정부의 김구 밑에서 비서 노릇을 하다 조선 의용군 대원이 되었지요. 죽음을 넘나드는 여러 차례의 전투를 치르며 중국 대륙 서쪽 깊숙이 있는 태항산까지 가게 됩니다. 결국 우리나라는 해방을 맞게 되고, 해방 후 이화림은 중국에 남아 의학 공부를 합니다. 해방된 조국에 꼭 필요할 거라고 생각했기 때문입니다. 하지만 조국으로 돌아오지 못하고 그곳에서 의사가 되었지요.

(나) 조선이 일본의 식민지가 된 지 얼마 안 되어 15~16세 된 여자들이 사진 한 장을 가슴에 품고 하와이행 배에 올라타게 됩니다. 석 달이나 걸리는 뱃길을 지나 그녀들이 찾아간 것은 남편감이었습니다. 달랑 사진만 한 장 보고 하와이에 있는 신랑과 결혼을 한 것이었습니다. 당시 하와이 사탕수수 농장에는 7000

명이 넘는 조선인 노동자들이 일하고 있었는데, 대부분 미혼이라 사진만 고향에 보내 신붓감을 찾은 것입니다. 신부들은 가난과 불안에서 벗어나 새 세상으로 가고 싶다는 마음에서 하와이행을 결정하게 된 것입니다.

1. (가)는 조선의용군 부녀 대장인 이화림에 대한 내용이고, (나)는 하와이로 간 신부들에 대한 내용입니다. (가)가 (나)를 보고 일제 강점기 당시 우리나라 여성들의 삶에 대해 써 보시오.

※ 다음 제시문을 읽고 물음에 답하시오.

(가) 근우회 행동 강령

　　1. 여성에 대한 사회적 · 법률적 일체 차별 철폐

　　2. 일체 봉건적 인습과 미신 타파

　　3. 조혼 폐지 및 결혼의 자유

　　4. 인신매매 및 공창(公娼) 폐지

　　5. 농민 부인의 경제적 이익 옹호

　　6. 부인 노동의 임금 차별 철폐 및 산전 산후 임금 지불

　　7. 부인 및 소년공의 위험 노동 및 야업 폐지

(나) 첫째, 일생을 두고 지금과 같이 나를 사랑해 주시오.

　　둘째, 그림 그리는 것을 방해하지 마시오.

　　셋째, 시어머니와 전실 딸과는 별거케 하여 주시오.

2. (가)는 근우회의 행동 강령이고, (나)는
나혜석이 결혼할 당시 신랑에게 약속받은
3가지입니다. (가)와 (나)를 보고, 당시
신여성들의 사고에 대해 써 보시오.

나혜석의 결혼식

‑‑‑

‑‑‑

‑‑‑

‑‑‑

‑‑‑

‑‑‑

‑‑‑

‑‑‑

‑‑‑

해답 1 (가)는 여성 독립군에 대한 내용입니다. 한국이 일본에게 빼앗긴 국권을 찾기 위해 1910~1945년까지 일제에 무력 항쟁한 군대를 독립군이라고 합니다. 이 중에는 우리가 잘 알고 있는 김좌진, 홍범도와 같은 분들도 있지만, 이름 모를 많은 독립군도 있었지요. 특히 이 중에는 여성 독립군도 있었습니다. 2011년 현재 보훈처에 이름을 올리고 훈·포장을 받은 여성 독립 운동가는 204명입니다. 하지만 이외에도 많은 여성 독립운동가가 있었으리라고 봅니다. 이들도 나라 잃은 설움을 겪고 있는 조선의 백성이었으니까요.

(나)는 아는 이 없는 이국의 땅으로 떠난 '사진 신부'에 관한 내용입니다. 사진만 보고 신부가 되었다 하여 이렇게 부르지요. 이들은 하와이 사탕수수 농장에서 일하고 있는 조선인 노동자의 아내가 되

었고, 낯선 땅에서 뿌리를 내리며 살았지요.

(가)와 (나) 모두 현실을 바꾸어 보고자 하는 우리나라 여성들의 삶을 보여 줍니다. 일제 강점기 아래 독립을 이루기 위해 노력하는 독립군이 되거나, 가난과 불안을 벗어나 새 세상으로 떠나는 사진 신부가 된 것입니다.

해답 2 (가)의 근우회는 1927년 5월에 조직된 여성 운동 단체로, '조선 여자의 공고한 단결을 도모함', '조선 여자의 지위 향상을 도모함' 등의 강령을 내세웠습니다. 당시 유력한 여성 인사들이 대부분 참여하였으며, 신간회의 여성 자매단체라 할 수 있지요. 근우회는 70여 개의 지회를 두고, 회원도 2900여 명에 이르렀습니다. 야학을 실시하고 문맹을 퇴치하고자 노력하는 등 여성 계몽에 힘썼습니다.

(나)는 우리나라 최초의 여류 서양화가인 나혜석이 김우영과 결혼하면서 받아낸 약속입니다. 양성 평등과 여성 해방을 추구한 여성 운동가로 부유한 변호사와 결혼하면서 이러한 약속을 받아낸 것이지요. 결혼식 청첩장을 보내는 대신 결혼한다는 내용을 신문 광고로 싣기도 했습니다.

이렇게 당시 신여성들은 조선 여성들의 지위를 높이기 위해 노력하거나, 스스로 받는 억압으로부터 벗어나기 위해 여러 가지 방법으로 노력했답니다.

* 해답은 예시로 제시된 내용입니다.

역사공화국 한국사법정 55

왜 신여성은 구여성과 다른 삶을 살았을까?

© 손경희, 2012

초판 1쇄 발행일 2012년 8월 13일
초판 4쇄 발행일 2021년 1월 8일

지은이   손경희
그린이   조환철
펴낸이   정은영

펴낸곳   (주)자음과모음
출판등록 2001년 11월 28일 제2001-000259호
주소   (04047) 서울시 마포구 양화로6길 49
전화   편집부 (02) 324-2347 경영지원부 (02) 325-6047
팩스   편집부 (02) 324-2348 경영지원부 (02) 2648-1311
이메일   jamoteen@jamobook.com

ISBN 978-89-544-2355-7 (44910)

과학공화국 법정시리즈 _(전 50권)

생활 속에서 배우는 기상천외한 수학·과학 교과서!
수학과 과학을 법정에 세워 '원리'를 밝혀낸다!

이 책은 과학공화국에서 일어나는 사건들과 사건을 다루는 법정 공판을 통해 청소년들에게 과학의 재미에 흠뻑 빠져들게 할 수 있는 기회를 제공한다. 우리 생활 속에서 일어날 만한 우스꽝스럽고도 호기심을 자극하는 사건들을 통하여 청소년들이 자연스럽게 과학의 원리를 깨달으면서 동시에 학습에 대한 흥미를 가질 수 있도록 구성하였다.